Trabajo espiritual con niños

Editor de la versión rusa
Vladimir Antonov,
Doctor (en biología)

Traducido por Juan-Cruz Aguirre
y Anton Teplyy

2019

ISBN: 9781797623283

Este libro se compone de artículos de varios autores, que trabajaron en la Escuela[1] científico-espiritual de Vladimir Antonov. La principal ventaja metodológica de esta Escuela es el desarrollo de sus estudiantes como corazones espirituales, lo que les permite transitar el Camino Recto, para la realización de los preceptos de Dios, hacia la Perfección espiritual. Los métodos de la Escuela se presentan como una secuencia de pasos: a partir de los más simples, lo básico, hasta los más complejos, lo avanzado.

En este libro los autores dan recomendaciones metodológicas y modificaciones de los métodos básicos adaptadas para los niños y adolescentes. Las principales prioridades de este programa son las siguientes: sentar las bases de una actitud espiritual (que esté basada en el amor) hacia otras personas y todos los seres vivos, desarrollar las habilidades necesarias para una vida sana, ensanchar los horizontes y aprender las ideas básicas acerca del significado de nuestras vidas en la Tierra.

Este libro está dirigido a los maestros que trabajan con niños de diferentes edades. Puede ser igualmente útil para los padres.

---

[1] La palabra *Escuela* en nuestro caso denota no un edificio o institución escolar sino una asociación de personas unidas por una idea científica común. En nuestro caso esto se refiere a una nueva dirección de la ciencia moderna: la *metodología del desarrollo espiritual*.

En la actualidad, ni el autor ni sus actuales colegas llevan a cabo las clases que se describen en este libro; simplemente compartimos nuestra experiencia y conocimientos para que puedan ser utilizados por otros (nota de V.Antonov).

Contents

Prefacio

V.V.Antonov

La realidad rusa se caracteriza por la ausencia de comprensión, por parte de la gente, del significado de sus vidas. Ni el ateísmo, que prevaleció en nuestro país durante varias décadas, ni las distorsionadas creencias religiosas, pueden explicar razonablemente —desde el punto de vista filosófico— por qué estamos aquí y para hacer qué. Esta es la causa de que las personas no espirituales, niños incluidos, se vean irrevocablemente envueltas en el alcoholismo, en otros tipos de drogadicción, y en el crimen, que se convierten en un estilo de vida habitual para ellas. La experiencia demuestra que los llamamientos a llevar «un estilo de vida saludable» no pueden llegar a ser una alternativa estable para las masas mientras no haya respuesta a la principal pregunta filosófica —la cuestión del significado de nuestras vidas en la Tierra—.

Hemos hablado ya de esto en muchas publicaciones [3,5-16,26,28,41], pero para los niños, por supuesto, ha de ser presentado en una forma simplificada, usando un lenguaje que corresponda a su nivel de comprensión. Debe hacerse modestamente, sin coacción[1], como simplemente informándoles, de modo que, cuando hayan crecido, puedan recordarlo y usarlo como base de su visión del mundo y para comprender su lugar y su papel, tanto en las vastas extensiones del Absoluto multidimensional, como entre otras personas en la Tierra.

---

[1] Cualquier violencia, incluso la que se da en forma de intromisión, sólo conduce a resultados negativos.

Quienes lean este libro pueden, o bien aplicar directamente las técnicas descritas aquí, o crear sus propias modificaciones sobre esta base, pero deben incluir la enseñanza del tema principal, el tema del amor espiritual: la reverencia a Dios, el tema de la bondad, la compasión, el servicio a todos en todo lo bueno y el cuidado hacia todas las criaturas, incluyendo personas, animales y plantas. Después de todo, nosotros mismos somos conciencias encarnadas en cuerpos físicos; habitamos en el eterno Océano universal de la Omnividente y Omnioyente Conciencia de Dios, Quien es Amor; Quien nos aceptará para siempre en Su Morada si nos convertimos en Amor, tal como Él es Amor. Las historias acerca de los Maestros Divinos y sobre los logros de los adeptos espirituales también permanecerán siempre en la memoria de los niños para que las usen como ejemplos a seguir [24,25,27 y otros].

¿Por qué los niños son diferentes?

V.V.Antonov

Dos niños me vienen a la mente.

Una vez me invitaron a una fiesta. Había mucha gente, incluyendo familias con niños: iba a tener lugar algún tipo de celebración.

Yo estaba sentado en un sofá. Un bebé se subió a él, se arrastró hasta mí y me dio un beso en la mejilla —¡tan sinceramente; tan fuerte!—. ¡Él derramó su amor sobre mí! ¡Me besó con un amor tan cordial! De no haber estado yo al corriente de su biografía habría pensado que era un estudiante de nuestra Escuela, porque ¡nunca había visto niños así fuera de nuestra Escuela!

Y conocí a otro niño. Me encontré con él varias veces en las calles de San Petersburgo. Probablemente contaba cinco años. Sus ojos tenían una mirada de odio —una inquietante, penetrante mirada de odio a todo y a todos—. Además, este aspecto y estado demoníaco eran inherentes en él.

Lo conocí por primera vez cuando robaba el sombrero de otro niño. Nuestros ojos se cruzaron; me inundó con su odio... y salió corriendo.

La segunda vez que le vi estaba rayando con su cuchillo el automóvil de alguien. Una vez más nuestros ojos se encontraron; otra vez el mismo odio... y de nuevo se escapó.

Estos son dos extremos.

Escuché la idea de que todos los niños son angelitos, que debemos ser como niños y tal y cual. Pero, ¿como *qué* niños?

Cuando Jesús dijo: «vuélvanse como niños», Él quiso decir la muy específica cualidad de los mejores niños —«la franqueza del alma»—; esto está claro, tanto en el contexto de los Evangelios del Nuevo Testamento (Mateo 18:3, Marcos 10:15; Lucas 18:17) como a partir de los Evangelios apócrifos. Él llamó a Sus oyentes «a abrirse», «a desnudarse» a sí mismos como almas, los unos ante los otros y ante Dios, ¡en delicado amor!

Jesús apuntaba a los buenos, apacibles, sinceros niños. Algunos, sin embargo, son maliciosos, groseros, en extremo egoístas, falsos y miran a los demás tal como las fieras enjauladas miran.

¿Por qué son tan diferentes los niños?

La ciencia materialista ha estado décadas estudiando este asunto. Diferentes científicos, según el perfil de su dedicación, enfatizan los distintos factores que influyen en el desarrollo psíquico de los niños.

Los genetistas hablan sobre el papel de los genes; que los rasgos de carácter supuestamente se transmiten por los genes de igual manera que el color de los ojos y el cabello, u otras características del cuerpo.

Los embriólogos, obstetras y perinatólogos buscan la causa en cómo la formación de las estructuras cerebrales del feto quedó influenciada por las hormonas, el estrés de la madre, la hipoxia, los traumas del nacimiento y diversas intoxicaciones.

Los psicólogos y psiquiatras señalan a diversos factores sociales, principalmente el carácter del contacto del niño con la madre en ciertas «críticas» etapas de su desarrollo. Por ejemplo, se ha demostrado claramente en estudios sobre niños, así como en experimentos con animales, que la falta de armonía en las relaciones con la madre a una cierta edad desemboca en una excesiva agresividad en los años posteriores. Además, los trastornos sociales pueden ser causados por una falta del adecuado contacto con sus iguales durante la infancia [6].

Hablando sobre esto, quiero señalar que todos estos factores desempeñan de hecho un cierto papel.

Las influencias genéticas pueden tener lugar a través de características genéticamente determinadas del desarrollo y funcionamiento del sistema hipotálamo-hipófisis-suprarrenales. Si este sistema es capaz de producir y liberar en la sangre más adrenalina y noradrenalina, tales organismos resultan ser más activos en condiciones normales y extremas. También puede crear una cierta predisposición (no predeterminación) a rasgos del carácter excesivamente agresivos.

Y, por supuesto, diferentes factores que causan daño al feto pueden llevar a distorsiones en el desarrollo de diferentes áreas del cerebro y las glándulas endocrinas, afectando así de diferentes maneras a las características emocionales de alguien en su edad adulta.

Las diversas estructuras cerebrales, responsables de distintas funciones, se forman en momentos diferentes durante la embriogénesis, y cada una de ellas es más vulnerable a factores perjudiciales durante ese periodo crítico de su formación. Por lo tanto el mismo factor perjudicial para el feto, aplicado en diferentes momentos de su desarrollo, conduce a la formación de diferentes distorsiones, las cuales a veces se manifiestan sólo en la edad adulta [5-6].

El factor social también tiene una gran importancia en las edades más tempranas. Por ejemplo, si el niño sufre tensiones emocionales negativas debido a la separación de la madre, o de la persona que la sustituye, en la edad de 6-7 meses a 3 años, entonces en la edad adulta tal persona manifiesta rasgos psicopáticos, incluyendo la agresividad excesiva. Problemas emocionales y conductuales significativos también se producen debido a la falta de adecuado (es decir, natural) contacto con sus compañeros en la infancia [6].

Sin embargo, la razón más importante de las diferencias entre los niños no se conoce en la ciencia materialista moderna. Estriba en el hecho de que no sólo los cuerpos son diferentes, sino también las almas incorporadas. Después de todo, las almas encarnadas en los cuerpos de los niños han sido «adultos» antes; la mayoría de ellas, muchas veces. Vienen con rasgos de carácter y otras particularidades desarrolladas en su historia pasada.

Esto se aplica no sólo a los seres humanos, sino también a los animales. Y esto explica por qué en los experimentos con animales, así como en estudios en humanos, la misma influencia perjudicial no conduce al mismo resultado para diferentes especies.

Imaginen, por ejemplo, dos personas. Una de ellas ya era santa en la vida pasada, y la otra, diabólica. El mismo alto nivel de hormonas suprarrenales en sus cuerpos actuales tendrá el efecto opuesto en ellos. La primera persona se entregará con más intensidad al servicio espiritual; la otra cometerá robo y asesinato con idéntico denuedo.

Además de eso, debemos recordar que la encarnación en cuerpos de diferentes cualidades físicas es determinada por Dios. Por tanto, no existe «mala suerte», ya que Dios planifica y lleva a cabo todo de forma tal que al alma encarnada se le den las mejores oportunidades para su ulterior mejora.

Uno puede preguntar: ¿pueden los cuerpos feos y mutilados ayudar a alguien en el autodesarrollo? La respuesta es sí. Por ejemplo, alguien que en la vida pasada se regodeaba en el poder, si fue cruel con otros y mutiló sus cuerpos, será conveniente que sufra ella misma a fin de darse cuenta de lo que son el dolor y el sufrimiento, y a través de esto aprender la compasión hacia otros.

En cuanto a las encarnaciones de la gente malvada, se necesitan maleantes para garantizar la diversidad de las situaciones de la vida, de tal manera que podamos entender mejor la psicología los unos de los otros. Su destino es la creciente degradación hasta el fondo del fondo, hasta que algunos de ellos cambien y allí, en la sima, en su sufrimiento, comiencen a buscar la manera de salir a la Luz.

Consideremos ahora otro factor que afecta al desarrollo de los niños: su crianza. Es el factor más relevante a analizar en las escuelas espirituales que trabajan con niños.

Recuerdo que un día observé la siguiente escena: un padre de unos 50 años de edad, constitución atlética, bien vestido y arrogantemente seguro de sí mismo, estaba dando «lecciones de vida» a su hija de 10 años. Estaban de pie en un parque y el padre, señalando a la gente que pasaba, «ilustraba» a la hija sobre cada uno de ellos: este es un sinvergüenza, ese otro es un bastardo. La pobre chica le escuchaba con atención y probablemente asimiló para muchos años las «lecciones» de odio del padre. Sólo al llegar a los 20 años mucha gente (no todos) manifiesta la capacidad de reevaluar seriamente todo lo que los adultos les enseñaron antes.

La educación dedicada puede ser o muy dañina o muy útil para los niños. Se les puede enseñar, por ejemplo, el despectivo desprecio y odio hacia todo, o por el contrario se les puede enseñar a amar todo lo que vive; enseñarles que el amor y la armonía son buenos y que Dios quiere que seamos así, etc.

La correcta educación de los niños es el factor más importante de la ayuda espiritual a las personas, la más interesante y merecedora de servicio espiritual.

Esta es también una forma de autodesarrollo en el amor activo y la creatividad intelectual.

* * *

Veamos una vez más los principios fundamentales de la educación espiritual de los niños.

El primer principio es el activo *cultivo de las ideas de amor* (porque ¡esto es lo principal que Dios quiere de nosotros!), seguido por el principio de *ampliar los horizontes de los niños*. Debemos introducir en la memoria de los niños diferentes programas de las formas en que pueden vivir cuando hayan crecido. Tenemos que mostrarles que existe el ajedrez, templos de diferentes religiones, la naturaleza que podemos y debemos amar, que hay métodos para atemperar el cuerpo, la posibilidad de expresarse a través de la pintura, la música, la danza, la fotografía, diferentes tipos de deportes, y muy interesantes y distintas maneras de obtener capacitación, y que todo eso puede ser usado para servir a otros, como una manera de darles nuestro amor.

La educación también puede ser dada mediante el ejemplo de los actos de los adultos, cuando los niños en un ambiente relajado presencian las actividades en la escuela espiritual donde estudian sus padres. Como alternativa, se puede conseguir organizando clases y secciones especiales para niños de diferentes edades.

Al mismo tiempo es necesario recordar que existen problemas inaccesibles al pensamiento de los niños. Por ejemplo, la información sobre la existencia de formas de vida no-encarnadas debería serles presentada de tal forma y con un caudal que no lleve a la formación del temor místico. El miedo místico puede volverse una base para el desarrollo de psicopatologías graves, que impiden el desarrollo de un niño.

Además, no hay que enseñar a los niños profundas técnicas de meditación, si no, pueden «perderse», perder el contacto adecuado con el plano material. Necesitamos recordar que todo el mundo tiene que desarrollarse primordialmente en el mundo material, y sólo más tarde será capaz de hollar, con éxito y de forma segura, el serio Camino religioso.

También es necesario proteger a los niños en todo lo posible contra los intentos de diferentes místicos ignorantes para implicarles, bajo el disfraz del espiritismo, en contactos con seres del plano astral, diálogo con «extraterrestres» y demás, así como contra los intentos de involucrar a los niños en experimentos mágicos y ocultos. La participación tanto de niños como de adultos en tales acciones es una vía directa al desarrollo en ellos de patologías mentales graves.

También es muy importante enseñar a los niños a pensar, incitándoles a que lo hagan, por ejemplo, en situaciones tales como resolver el problema de cruzar un arroyo de bosque, la construcción de un fuego para que no cause mucho daño a los seres vivos, etc.

O uno puede hacer a los niños preguntas como «¿por qué?», para que aprendan a encontrar respuestas ellos mismos en vez de recibirlas de los adultos, y así sucesivamente.

Durante la comunicación de los niños entre sí en un grupo, el instructor debe, benévola pero firmemente, detener todas las manifestaciones de tendencias viciosas, tales como la agresividad y la propensión a tomar las cosas de alguien más, incluso si son triviales. Los niños pueden recordar así, por ejemplo, fórmulas tales como: «Jesús el Cristo enseñó que no deberías hacerle a nadie ¡algo que no quieres que te hagan a ti!», o «El que toma sin permiso algo que pertenece a otra persona es un ladrón. Y un ladrón ¡es una persona muy mala!», o «En el excelente libro llamado el Nuevo Testamento está escrito: "¡Amaos tiernamente unos a otros con amor fraternal!". Y lo que tú has hecho... ¿se parece a la ternura?».

Algunos ejercicios de meditación simples pueden ser de gran valor educativo. Por ejemplo, todos los niños pueden imaginar un pequeño sol en el pecho y luego corretear y alumbrarse el uno al otro con la luz del sol visualizado.

Principios fundamentales que deben ser aplicados al enseñar la autorregulación psíquica a los niños y adolescentes (conferencia)

La experiencia que hemos acumulado al enseñar la autorregulación psíquica a los niños y adolescentes nos permite formular las siguientes recomendaciones:

1. El trabajo ético con los niños, necesariamente acompañado con las clases de autorregulación psíquica, debe fundar en los estudiantes las bases de la ética.

2. Los grupos pueden estar conformados sólo por niños o adolescentes o incluir también a sus padres. En el último caso, el programa estará dirigido a los menores, pero los padres participan gustosamente en tales clases. Una de las ventajas de la última opción consiste en la formación de los intereses comunes en la familia y en el fortalecimiento de su unidad.

3. Sin indicaciones médicas especiales, no se deben enseñar a los niños y adolescentes ejercicios con los chakras y meridianos (salvo ejercicios muy simples con el anahata). La razón consiste en que estos ejercicios son incompatibles con el consumo del alcohol durante y despúes del curso y en el caso de los niños y adolescentes, no podemos estar seguros de que ellos observarán esta regla en los años posteriores.

4. El énfasis del trabajo no debe estar centrado en obtener logros altos, sino en aumentar los conocimientos de los estudiantes y en proporcionarles la información que les ayude a escoger su propio camino en la vida cuando crezcan. Las clases de autorregulación psíquica pueden ser enriquecidas con la estética y el deporte. También pueden completarse, dependiendo de los conocimientos del instructor, con la danza, música, fotografía, pintura, turismo, tonificación del cuerpo, ecología, historia de la literatura, filosofía.

O, viceversa, se pueden enriquecer diferentes clases especializadas con los elementos de la autorregulación psíquica.

5. No se debe enseñar el shavasana a los niños menores de 12 años.

La razón consiste en que algunos niños tienen dificultades para salir de las relajaciones profundas.

Sólo bajo indicaciones médicas especiales es posible hacer una excepción de esta regla y tales sesiones deben ser realizadas por un especialista.

6. Los médicos debidamente preparados pueden usar los ejercicios con los chakras y meridianos para tratar algunas enfermedades neurológicas y psíquicas de los niños.

Estas técnicas son especialmente eficaces contra los trastornos de la socialización.

7. Lo más fácil para los niños y adolescentes es aprender los ejercicios con visualizaciones. En cambio, aprender a concentrar su atención, normalmente, les cuesta

mucho más. No obstante, esto último es lo que puede ayudarles a mejorar sus resultados en la escuela.

Para mejorar estos resultados, también es recomendable excluir la comida «de matanza»[2] de la dieta diaria de los niños y aumentar el consumo de los alimentos que contienen proteína (huevos, productos lácteos y otros).

La misma recomendación es válida para todas las personas sin excepción.

8. Un efecto positivo interesante puede ser alcanzado si los niños acompañan a sus padres (pero no participan con iguales derechos) en las clases grupales fuera de la ciudad.

Durante estas salidas, si los adultos no mantienen una actitud latosa hacia los niños, se pone en marcha un mecanismo importante de la enseñanza: la imitación. Los niños aprenden a cuidar la naturaleza con todas sus manifestaciones de vida, a vivir en una carpa (tienda de campaña), a encender un fuego de campamento y a cocinar la comida en éste, se acostumbran a la disciplina (pues, tienen que levantarse temprano, hacer gimnasia, bañarse en la mañana, etc.), aprenden a percibir la belleza de la naturaleza y a sintonizarse con ésta, dominan fácilmente la tonificación del cuerpo. Por ejemplo, ellos mismos insisten en bañarse con los adultos en agua helada [6;9].

Con respecto a estos baños, cabe mencionar que este método permite tonificar el organismo y ampliar la escala de comodidad térmica del niño para el resto de su vida. No obstante, este método debe ser aplicado tomando en cuenta las siguientes recomendaciones:

1. No se debe tratar de persuadir al niño para que se bañe. Un deseo sincero de hacerlo debe surgir en él o ella naturalmente. Pues el niño sabe mejor que nadie cuándo su organismo está listo para esto.

---

[2] La comida preparada con cuerpos de animales.

2. Todos los adultos presentes deben encontrarse en un estado emocional favorable.

3. Está prohibido curar mediante baños en agua helada (o mediante otros tratamientos con el frío) a los niños debilitados por enfermedades prolongadas.

El asunto es que los baños en agua helada son eficaces solamente para tratar algunos procesos enfermizos locales en aquellos niños que al momento del tratamiento gozan de un buen estado de salud en general. Es así, porque durante este tipo de baños, el efecto curativo es producido por el estrés bioenergético que surge como respuesta al impacto con el frío. Sin embargo, cuando un organismo está debilitado por alguna enfermedad prolongada, éste no dispone del potencial energético necesario para iniciar el proceso mencionado.

En tales casos, más bien los métodos opuestos podrán ser eficaces, por ejemplo, baños calientes o sauna.

Consejos básicos de higiene
V.V.Antonov

A partir de las más generales recomendaciones de higiene, podemos sugerir (¡para todas las edades!) lo siguiente:

1. Lavar con jabón, siempre que sea posible, todo el cuerpo, cada día, y lo mejor de todo, por la mañana.

2. Es mejor levantarse temprano e ir a la cama temprano.

3. Evitar el uso de ropa de tela sintética que vaya a estar en contacto directo con la piel.

4. Es muy bueno irradiar la piel de todo el cuerpo con la luz del sol: nos da salud. En invierno se puede tomar el sol con regularidad bajo la luz de una lámpara de cuarzo, especialmente en el caso de indisposiciones, en particular, los resfriados.

5. Usar comida «de matanza» lo menos posible o excluirla del todo [9]: esto puede mejorar la salud de manera significativa, proporcionar una mayor sensibilidad a las manifestaciones sutiles del mundo circundante y nos hace ser mejores personas ante los ojos de Dios, Quien nos dio el precepto «¡No matarás!». Sin embargo, no se puede usar, en este tema, coacción alguna hacia los niños: cualquier coerción en estos asuntos sólo lleva al efecto opuesto. La mejor manera de educar a los niños es hacerlo mediante nuestro propio ejemplo.

Meditación introductoria
V.V.Antonov

Es bueno comenzar cada sesión de práctica con la sintonización emocional y la purificación de la energía del espacio circundante. Para ello hay un excelente método llamado meditación introductoria. Se realiza de esta manera:

Adoptamos la llamada *postura del discípulo*: nos sentamos sobre los talones manteniendo la columna vertebral recta; los dedos de los pies apuntando hacia atrás; las palmas de las manos descansando sobre los muslos. Empezamos a enviar ondas de benevolencia y amor desde el tórax hacia adelante en el espacio con la siguiente fórmula:

«¡Que todos los seres tengan paz! ¡Que todos los seres tengan tranquilidad! ¡Que todos los seres tengan éxtasis!»[3]

Primero creamos cada uno de estos tres estados dentro de nosotros mismos en el tórax, y luego lo irra-

---

[3] Uno puede usar otras formulas para esta meditación, por ejemplo, «¡Que todos los seres sean pacíficos! ¡Que todos los seres sean tranquilos! ¡Que todos los seres sean extáticos!» (nota del traductor).

diamos hacia adelante. A continuación repetimos el proceso hacia la derecha; hacia atrás; hacia la izquierda; hacia arriba y hacia abajo. Este es un poderoso método de armonización de uno mismo y de la energía del espacio circundante con todos los seres que viven en él; también sienta las bases para el desarrollo del corazón espiritual.

Ejercicios de relajación básicos
V.V.Antonov

El dominio de la *relajación* (la paz del cuerpo y la mente) es necesario para conseguir descanso rápido, para el control de las emociones (le permite a uno deshacerse con facilidad de las emociones negativas y las tensiones) y, en general, ¡todo se puede hacer con mucho más éxito en el estado de paz interior!

Recordemos el famoso aforismo del sabio chino Lao Tse: «La tranquilidad es la parte más importante en el movimiento» [8,12].

Hay ciertas posturas corporales (asanas) que ayudan a aprehender la paz interior.

La primera de ellas es la así llamada *postura de la media tortuga*.

Nos sentamos sobre los talones con los dedos de los pies apuntando hacia atrás y separamos las rodillas. Ponemos la frente y los brazos extendidos en el suelo, con las palmas unidas una con otra. Relajamos el cuerpo y la mente por completo. Notamos al estómago cediendo más y más a medida que la relajación se hace más profunda. Este es un ejercicio maravilloso que le permite a uno deshacerse del cansancio físico y mental. Debería realizarse durante unos diez minutos.

La segunda asana se llama *postura del cocodrilo*. Hay dos maneras de realizarla.

Nos tumbamos sobre el vientre, con los codos sobresaliendo hacia adelante todo lo posible y la barbilla apoyada en las palmas de las manos.

La segunda opción: ponemos los codos hacia delante y colocamos en el suelo un antebrazo sobre el otro, sosteniendo la cabeza y la parte superior del cuerpo hacia arriba, tensando los músculos de la espalda.

En ambos casos nos sentimos como pequeños cocodrilos felices, que se han escurrido hasta una playa de arena ¡para tomar un baño de sol! El sol calienta nuestras espaldas, y nos derretimos de placer bajo su tierno calor tibio que impregna nuestros cuerpos en su totalidad.

Ejercicios psicofísicos

V.V.Antonov

Los *ejercicios psicofísicos* se llaman así porque su componente psíquico se combina con la realización simultánea de movimientos físicos, contribuyendo estos últimos al dominio del primero. La idea de desarrollar este tipo de ejercicios se estableció en el comienzo del siglo XX por Peter Dânov; ese desarrollo fue continuado por Omraam Mikhael Aivanhov y luego por nosotros.

El primer ejercicio de esta serie se llama *Despertarse*. Nos despertamos de un largo sueño de auto-ocasionado aislamiento de la armonía, la belleza y el amor del mundo. (Mientras estamos de pie, levantamos las manos y nos estiramos igual que lo hacemos después de dormir). Dejamos que toda la pureza, la luz y la vitalidad del exterior se adentren en nosotros. Sentimos una cascada de asombrosamente puros, sutiles y transparentes sentimientos y la frescura de la mañana que fluye desde arriba. Nos colmamos de esta tersura matinal, con estas frescas oleadas, ¡hasta desbordar con ellas! (Las manos se mueven hacia abajo, hacia los hombros, ayudando a este proceso, y luego suben de nuevo; repetimos estos movimientos varias veces). Tratamos de llegar a un estado emocional tan alto y sutil como nos sea posible.

El segundo ejercicio se llama *Dar o Regalar*. Mantenemos las manos contra el pecho y tras unos momentos hacemos suavemente un gesto de amplio movimiento hacia adelante y a los lados: lo que antes recibimos debemos ahora regalarlo a otras personas —nuestro nivel de avance espiritual se mide por nuestra capacidad de dar. Además, para llenar un vaso con agua fresca primero hay que vaciarlo. Aquellos que no se vacían, regalando lo que tienen, no se renuevan, no crecen. Repetimos este ejercicio una y otra vez, derramando, regalando todo lo bueno que hemos acumulado, generosamente, sin deseos de recibir una recompensa. Enviamos las más sutiles e intensas olas de amor ininterrumpido, fresco y puro, hacia delante. Sintamos cómo el pecho se agranda por la energía del amor que empuja desde detrás. Una flor, exhalando una dulce fragancia, comienza a abrirse en medio del pecho. Enviemos estas sutiles vibraciones adelante. ¡Esta es la fragancia del amor mismo!

El tercer ejercicio es la *Reconciliación*. Levantamos la mano derecha por encima de la cabeza y nos concentramos en la palma y el inmediato espacio que la rodea. Luego llevamos lentamente la mano hacia abajo trazando una sinusoide de unos treinta centímetros de semiperíodo. El borde de la palma de la mano debería estar mirando en la dirección del movimiento de la mano. Mientras lo hacemos, intentamos notar el espacio por el que se desplaza la mano como un cierto campo de energía al que asignamos una nueva característica cada vez: primero la paz, luego la armonía y, por último, la calma. Se puede «prolongar» la mano. (Uno puede imaginar diversas maneras de realizar este movimiento de baile: brusco, rápido y angular versus suave, delicado y elegante. Cada uno de estos estilos predispone tanto al intérprete como al público a los estados emocionales correspondientes). Y este simple pero poderoso gesto ondulado, que simboliza la armonía, estará ayudando a todos en toda situación a medida que dominan este ejercicio (¡hay que sentirlo a fondo!), aun si se hace sin acompañarlo con movimientos corporales.

El cuarto ejercicio es llamado *Subir*. Levantamos las manos con las palmas mirando a los lados y luego, despacio, las bajamos lateralmente, haciendo barridos. Repita este movimiento varias veces; con cada barrido eclosionamos, por así decir, de otra grosera envoltura, y nos volvemos más ligeros, más puros; subimos hacia la fuente de la *luz* por encima de nosotros, hacia el sol... Está muy cerca de nosotros; unos pocos aleteos más y le alcanzamos... Afluyamos al espacio de la más pura y sutil *luz*, y disfrutemos estando en ella... Luego, poco a poco, bajamos a tierra sintiendo el *sol* en el pecho. Permanecemos de pie ¡y alumbramos a la gente y a todo ser vivo con la *luz solar* que emana del pecho!

* * *

Estos ejercicios pueden realizarse exactamente como se describen aquí y pueden traer muchos beneficios, incluyendo la purificación de las estructuras bioenergéticas del cuerpo y la eliminación de enfermedades.

Podemos añadir un componente religioso a estos ejercicios, y entonces enseguida nos ayudarán a comprender que la *Luz* con la que trabajamos en estos ejercicios es la *Luz del Espíritu Santo*. Todos los estudiantes dignos comienzan a percibirle a Él en el proceso de su purificación ética y bioenergética. De esta manera, conocemos a Dios en una de Sus Manifestaciones; y luego Él se convierte en nuestro constante Compañero y Viviente Maestro para toda nuestra vida.

Para algunas personas, estos ejercicios elementales pueden llegar a ser un punto de partida para una profunda y seria la vida religiosa.

Esto es sólo la base para el comienzo. En las clases prácticas, uno puede usar diferentes modificaciones de esos métodos, en función de las cualidades individuales de los niños y los instructores.

Experiencia de trabajo con la autorregulación psíquica en grupos de niños y padres en la ciudad de Brno (República Checa)

T.Matyatkova

El material original usado para desarrollar el programa de nuestras clases fueron las anteriores publicaciones del Dr.Antonov. También confiamos en nuestra experiencia de enseñanza basada en el sistema de *autorregulación psíquica* desarrollado por el Dr.Antonov, en nuestra experiencia didáctica en la educación preescolar, y en nuestro amor por la danza y la poesía. Hicimos uso, además, de las obras mencionadas en la bibliografía de este libro [46-56].

El curso descrito a continuación está planificado para tres meses de trabajo. El grupo se compone de niños de 5-10 años de edad (12 a 15 personas), de sus madres y abuelas jóvenes, así como de «ayudantes» —chicas de 12 a 15 años de edad—. Las clases se imparten una vez a la semana en el gimnasio de la escuela. Cada clase tiene una duración de al menos 2 horas.

El programa de las clases es el siguiente:
1. Introducción (meditación introductoria).

2. Parte principal:

a) calentamiento,

b) ejercicios psicofísicos,

c) danza espontánea,

d) juegos meditativos,

e) ejercicios físicos (asanas de hatha yoga, etc.),

f) juegos dinámicos (en el gimnasio o en un parque),

g) relajación.

3. Parte final:

a) presentación de diapositivas acompañadas de música,

b) escuchar música,

c) cuentos de hadas,

d) pintura,

e) juegos de rol (juego de cuentos de hadas, situaciones, etc.), juegos dinámicos.

f) conversaciones con los padres, meditaciones finales, etc.

Cada clase en particular no incluye todos los puntos del programa.

El principal objetivo de las clases es desarrollar en los niños el amor a los padres, a los amigos, a la naturaleza y hacia todo lo que vive. Las charlas con los padres también van dirigidas a este fin.

Meditación introductoria. Este es un ejercicio en el que los niños desean alegría y amor a todo lo viviente. Visualizan un sol en el interior del pecho y comienzan a acariciar todo con sus rayos-manos. Lo hemos enriquecido con otro ejercicio llamado «vaciando la olla». Se hace así: todos se sientan sobre sus talones, lentamente inclinan la cabeza hacia el suelo y «derraman» todo lo que se supone que no ha de estar ahí (incluyendo, en los adultos, los pensamientos sobre el trabajo y la casa). Tanto a niños como a adultos esta analogía les gusta: sus cabezas son como pucheros con asas, bellamente pintados, que han de vaciarse de agua sucia para llenarse de agua fresca y pura.

Esta introducción armoniza el grupo. Algunos niños y adultos comenzaron a usarla en casa para sintonización emocional positiva.

Enviar soleados rayos de amor a los miembros ausentes del grupo se ha convertido en una tradición en nuestras clases.

La parte principal del programa consiste en la alternancia frecuente de movimiento y reposo. Es de lo más adecuada para la manera de trabajar de los niños. Incluye breves relajaciones durante las cuales todos los participantes «respiran con sus estómagos» como gatitos que se acurrucan y ronronean hechos una bola, o como conejos que recuperan su aliento después de correr. En general casi todos los niños y mayores participan activamente en este juego, acostumbrándose a los roles de los animales. Si algunos niños hiperactivos tratan de huir a los aparatos de gimnasia (que tanto les atraen) resolvemos este problema asignándoles los papeles principales en los juegos.

Durante las *relajaciones* nunca forzamos a los niños a permanecer en posturas estáticas o con los ojos cerrados durante mucho tiempo. Es importante señalar que durante tales ejercicios la mayoría de ellos se sientan junto a su madre, su abuela o una ayudante, lo que facilita significativamente la realización de los mismos. El contacto con una persona mayor cercana es un importante factor emocional para los niños, del cual carecen en muchos casos.

Si queremos consolarles en caso de caídas, raspones o choques, les abrazamos y acariciamos. Este ejercicio es uno de sus preferidos. Se desarrolla en ellos la bondad, la compasión, la ternura, la actitud de cuidar unos de otros. Es un excelente medio para el desarrollo ético y emocional, y uno de los recursos de socialización.

Calentamiento. Para entrar en calor usamos el movimiento y juegos de meditación, correr y ejercicios dinámicos de hatha yoga.

Ejercicios psicofísicos. Consisten en la combinación de movimientos físicos con la autosugestión. Para el propósito de nuestro trabajo con los niños, se modificaron, por ejemplo, añadiendo los siguientes textos:

«La semilla germina, la planta joven crece, el capullo de la flor se abre, la flor crece hacia el sol...»

O: «El polluelo rompe su cáscara, despliega sus alitas, y ¡se encuentra en la luz del sol!...»

O bien: «Somos flores; nos bañamos en la luz del sol y nos llenamos con ella, de modo que después podemos darla como una fragancia y un néctar para las abejas y las mariposas.»

Danza espontánea. Los ejercicios psicofísicos se pueden convertir de forma totalmente natural en *danza espontánea*: movimientos libres y armónicos del cuerpo (o incluso lúdicos, en el caso de los niños) definidos por la música o la visualización. *La danza espontánea* ayuda a mejorar los propios estados emocionales y físicos, elimina el aislamiento y expulsa la fatiga de niños y adultos. A los niños les gusta usar para este baile sobre todo las siguientes meditaciones: sentirse como mariposas revoloteando sobre prados, como suaves nubes, globos, flores que emiten fragancia, algas «ondeantes», hojas de otoño brillantes o copos de nieve que bailan en el aire, y cosas similares.

Juegos meditativos. Desarrollan, ante todo, la capacidad de pensar figurativamente. Con su ayuda, la educación ética y estética se lleva a cabo de forma natural, sin violencia, como un juego. Los niños se imaginan a sí mismos en algún papel (usualmente un animal, una flor, etc.), se familiarizan con él, y libremente expresan sus emociones vía movimiento.

Los temas para los juegos de meditación pueden surgir de la vida cotidiana de los niños, de cuentos de hádas, o se pueden inventar según la edad de los niños. Pueden ser, por ejemplo, prados vivientes con flores o juguetes en sus cuartos. Los temas para juegos de meditación pueden ser como estos: «cómo se levantaba el sol» [51], «cómo una chica caminaba por el bosque, recogía bayas y se encontró con diferentes animales», «cómo planté una semilla, cuidé de la planta y se convirtió en una flor», «cómo creció un cachorro, lo que aprendió, lo que sabe y lo que puede hacer», «qué es lo que pasó con los monos que huyeron del zoo al bosque», y así sucesivamente.

Las _asanas de hatha yoga_ se incluyen en el programa como un componente de los calentamientos, juegos de meditación y al aire libre, sobre todo en su variante dinámica; en ellas los niños permanecen en posturas por un corto período de tiempo. Las posturas estáticas son difíciles para los niños pequeños.

Juegos dinámicos. Significan la cooperación activa de todos los participantes en las que todos juegan su propio rol. A diferencia de los juegos de meditación, los juegos dinámicos se centran en el movimiento activo, entrenando la reacción, la atención y la velocidad de los niños y desarrollando la coordinación de movimientos. Pueden incluir juegos de persecución y otros. A los niños les encantan los juegos que incluyen correr.

Estos son algunos juegos dinámicos: El avión (despegue, ascenso, vuela rápido entre nubes y aterriza); otro similar llamado el tren (el tren sale, acelera, pasa por un túnel, llega a una estación, etc.) [48,54,56]. Estos son algunos juegos de correr: el viento se acerca y nos lleva, empieza a llover; los caballos corren (libres, o tirando de un carro, o con obstáculos); el carrusel (crear un círculo, sosteniendo una cuerda gruesa, y el «carrusel» gira, lento o más rápido; se para, y cambia de dirección. A los niños les encantan los juegos de movimiento y de correr. Los necesitan como un medio de relajación.

Otro juego favorito de los niños es imitar posturas y movimientos de animales [49,51], como un gato, un perro, un tigre, un león (estirar las patas, arquear la espalda o, por ejemplo, «el gato que bebe leche», «el gato se mira la cola», «el gato observa una mosca», etc.).

También puede incluir caminar con las rodillas flexionadas (imitar a un pato o ganso al caminar).

O bien: un gorrión que salta, el andar orgulloso de un gallo, o una cigüeña caminando lentamente, con dignidad, etc.

O: terneros, potrillos retozando a cuatro patas, ranas saltarinas o conejos.

O: mariposas volando (los brazos siendo las alas).

O bien: un pequeño gusano, serpiente o cocodrilo: nos arrastramos por el suelo, levantamos la cabeza y la giramos de uno a otro lado. Los juegos dinámicos se pueden combinar con ejercicios de respiración. Por ejemplo: «somos una brisa, un viento, un torbellino», y soplamos fuerte como el viento, o inflamos una pelota hinchable. O bien: después de correr, en la relajación: inhalamos aire a fondo con la barriga, como cachorros tratando de recobrar el aliento en la madriguera de su madre. O: la imitación en voz alta de las voces de los animales: maullidos, ladridos, rugidos de tigre, mugidos, balidos, ronroneos, croar, arrullos, siseos, zumbidos, graznidos y similares. O «soy una flauta»: pulse en las teclas (diferentes partes del cuerpo) y produciré diferentes sonidos: en el vientre, aaa; en el corazón, yaaa; en la garganta, meee; en la frente, iii, y así sucesivamente. Al principio los niños tienen miedo de pronunciar sonidos en voz alta, pero en seguida lo dominan y juegan con sumo placer; les gusta en especial el «sonido del corazón».

Relajación de cuerpo y mente. Usamos la relajación para descansar tras los ejercicios dinámicos y para entrenar la capacidad de los niños para relajarse. Con los pequeños lo mejor es entrenar la relajación en parejas

[57]. Un niño representa, por ejemplo, una muñeca de trapo, y el otro levanta y baja los brazos y las piernas de la muñeca o mueve su cabeza. Otra variante es el *Juego del carro:* un niño yace con su espalda sobre el suelo limpio y el otro le toma por las piernas y le mueve por la sala. Los niños también pueden hacer la *Relajación de un tigre* [49], el *Descanso de un cocodrilo,* etc.

Durante la relajación final utilizamos elementos del entrenamiento autógeno del Dr. Schultz («piernas pesadas, piernas calientes», etc.). Sin embargo, este entrenamiento se ajusta mejor a estudiantes adultos. En la mayoría de los casos, la relajación final se acompaña de música o visualización de imágenes de la naturaleza. También se puede usar la poesía y los cuentos de hadas relajantes (*Los cuentos del gato* o *Cómo la muñeca se quedó dormida;* ver [51]).

<u>Cuentos de hadas</u> con una orientación ética, son leídos por el instructor o una ayudante mientras el instructor habla a los padres.

<u>Pintura</u>. Temas para la pintura pueden ser escenas de cuentos de hadas, la expresión libre de impresiones que se han tenido en la clase, etc. Los niños también pueden pintar juntos un cuadro común en una hoja grande de papel. Por ejemplo, se pueden pintar peces pequeños alrededor de un gran pez-mamá.

<u>Fiestas</u>. Los días festivos organizamos una fiesta al final de la sesión. Preparamos «una mesa mágica» con varios platos de la dieta ovo-lacto vegetariana: frutos secos, fruta fresca y seca, etc. Al empezar todo el mundo expresa gratitud a quienes cultivaron estas frutas y cocinaron los platos. Sólo después de esto empezamos a comer.

Nuestra experiencia muestra que la primera vez los niños se lanzan sobre la comida y sólo tras un recordatorio irán a ofrecérsela a las madres y a otros. Esto demuestra que es muy necesario desarrollar en los niños una actitud cuidadosa y desinteresada hacia las personas de su entorno, por ejemplo, durante dichas fiestas.

Los juegos de rol ayudan a formar correctamente la individualidad del niño; los niños desarrollan relaciones sociales sanas, mediante el aprendizaje de roles sociales a través de un juego. En nuestro caso específico de trabajo con niños estas conexiones sociales abarcan la relación con sus iguales así como con los adultos, incluidos los padres.

Uno de los juegos favoritos de nuestros niños es *Guiar al ciego:* se juega en parejas; un niño tiene los ojos vendados y el otro le guía. Varias parejas juegan a este juego a la vez. Se mueven superando obstáculos y tratando de no chocar. Este juego desarrolla la confianza mutua, la simpatía, la responsabilidad y la capacidad de entendernos.

Para desarrollar el altruismo y agudeza de observación usamos el juego *Atrapa las hojas que caen.* Para ello, hacemos «hojas» de papel y las tiramos al aire. Los niños tienen que cogerlas al vuelo. En este juego al principio los niños exhiben mucho egoísmo: rara vez quieren dar a sus «hojas» a otros que capturan menos.

Uno de sus predilectos es el juego preescolar *Mirlo.* En este juego los niños están en parejas, dicen un texto simple y se tocan entre sí; al final, se abrazan: «Yo soy un mirlo, tú eres mirlo, tengo una nariz, tienes una nariz» (todos apuntan primero a su propia nariz, y luego a la nariz de su pareja), «las mías son suaves, las tuyas son suaves» (apuntan a las mejillas), «los míos son dulces, los tuyos son dulces» (labios), «yo soy tu amigo, tú eres mi amigo. ¡Nos amamos!». Al decir «¡Nos amamos!», se abrazan. Y luego cambian de pareja.

* * *

Las charlas con los padres también son una parte importante del programa. Mientras conversamos con los padres, las ayudantes dividen a los niños en pequeños grupos, les leen cuentos de hadas, dibujan, hacen ejercicios en aparatos de gimnasia, juegan con una pelota, ven fotos...

En estas charlas con las madres y abuelas les familiarizarnos con los fundamentos de la Escuela espiritual del Dr. Antonov; hablamos del Camino hacia Dios a través del amor, la sabiduría y el poder. También se puede hablar de los principios de yama y niyama [9], sobre el desarrollo de los niños con la ayuda del movimiento, el canto; sobre educarles con el ejemplo de los padres; también hablamos acerca de la nutrición «sin matanza», como una parte de la ética y como base para el propio desarrollo físico y espiritual. En estas charlas recibimos muchos comentarios de los padres.

A los niños y sus madres por lo general no les gusta irse justo después de la clase, con lo que se alargan más y más.

Por la retroinformación de los padres hemos aprendido, entre otras cosas, las siguientes: los niños vienen voluntariamente a las clases y algunos de ellos incluso tratan de «transmitir su experiencia» a otros miembros de la familia. Les recuerdan a sus madres y abuelas que en casa cocinen sólo alimentos «sin matanza».

En estos grupos donde casi todos los niños tienen a «sus propios» adultos, no es deseable que algunos asistan sin una madre o una persona mayor cercana. Este tipo de situaciones les resultan muy difíciles de encajar. Algunos de ellos incluso tienen dificultades en el contacto con el resto del grupo.

Como resultado de asistir a las clases, las relaciones en la familia se vuelven mejores.

Con el tiempo, las madres y abuelas se integran del todo con el trabajo del grupo y disfrutan participando en todos los juegos. Dos de ellas, profesoras de un centro preescolar, empezaron a usar en su trabajo algunas modalidades de nuestros ejercicios.

Una de las abuelas, después de asistir a estas clases, comenzó a dormir mejor.

Las chicas que nos ayudaron (todas vinieron a este grupo como voluntarias; una de ellas era mi hija) también recibieron mucha ayuda de estas clases: desarrollaron la actitud emocional adecuada hacia los niños pequeños, lo cual es tan importante para las futuras madres. Además de eso, adquirieron experiencia en la gestión de grupos y desarrollan la creatividad mientras trabajan en la clase.

También quiero señalar que las sesiones con los niños se realizan con el mayor éxito sólo cuando los instructores se entregan totalmente a los juegos y meditaciones, cuando ellos mismos experimentan todo lo que les dan a los niños. Si el instructor «se aparta», aunque sólo sea un poco, los niños lo sienten de inmediato y la clase «colapsa»; los niños dejan de reaccionar a las palabras del instructor.

Personalmente recibí mucho de este trabajo. Expandió los límites de mi amor, me enseñó a sentir mejor a la gente, a simpatizar con ellos, a sentir la alegría junto con ellos. Yo misma me sentí tanto una niña como una conductora de la Luz del Amor Divino. Este amor me ayudó a trabajar en mí misma; abrió para mí el Camino del desarrollo.

Clases de autorregulación psíquica y pintura con niños

M.K.Khaschanskaya

En este artículo se describe la experiencia práctica de trabajo con niños de 5-11 años. El trabajo fue diseñado para suavizar desarmonías internas —que son inherentes a la mayoría de niños— con la ayuda de la educación ética y ecológica, mediante el desarrollo de sus capacidades creativas así como a través del desarrollo de sus capacidades de concentración y relajación. A tal fin se pueden utilizar con éxito los métodos de autorregulación psíquica y las recomendaciones descritas en el libro [9]. Los métodos descritos en este capítulo pueden complementar esa información.

Las clases con un grupo senior (10-11 años de edad) se llevaron a cabo en el gimnasio y en la naturaleza. Las clases para los niños de 5-7 años se realizaron sólo en el gimnasio.

La duración de las clases depende sólo de la edad de los niños. Los de 10-11 años trabajaron durante tres horas sin sentirse cansados. Los de 5-7 años pueden trabajar bien durante una hora y media. A mitad de clase, por lo general, hacemos un breve descanso.

Hay un punto a tener en cuenta a la hora de seleccionar a los niños para las clases. Sin duda las clases son útiles para todos los niños; no obstante, uno tiene que decidir qué es más importante: «promediar» a todos los niños y así desarrollarles lentamente, o hacer un grupo con los más capaces, que pueden avanzar más rápida y exitosamente. La experiencia de trabajo con escolares de diferentes edades demuestra que la elección de «promediar» impide un buen progreso de los niños más dotados. Y el progreso de los menos capaces que se obtiene en dichas clases es casi insignificante comparado con sus manifestaciones negativas. Por supuesto, esto no significa que no se deba trabajar con estos últimos. Pero uno tiene que hacer grupos teniendo en cuenta este factor y usar diferentes métodos de trabajo en diferentes grupos.

Los grupos no deben ser grandes. El mejor número de niños para las clases es de 5 a 16, ya que es muy importante tener un acercamiento individual con cada uno de ellos.

Este es un ejemplo de un programa para la clase:

Grupos de niños de 5-7 años de edad:
1. Meditación introductoria.
2. Juegos que incluyan ejercicios físicos y psicofísicos.
3. Relajación.
4. Pintura.

Grupos de niños de 10-11 años de edad:
1. *Meditación introductoria.*
2. *Ejercicios psicofísicos* y calentamiento físico.
3. Relajación.
4. Pintura.
5. Relajación.
6. Hora del té.

* * *

La *meditación introductoria* es muy importante; tiene un potente efecto en la formación de la ética y en el desarrollo del amor emocional hacia todas las manifestaciones de vida; también ayuda a desarrollar las habilidades de concentración de la atención. Además de eso, crea un trasfondo emocional positivo para hacer otros ejercicios.

Para los niños de 10-11 años de edad, la *meditación introductoria* se lleva a cabo en una forma similar a la de los grupos de adultos. A todos los niños les gusta la postura para hacer esta meditación, la llamada *postura del discípulo*. En esta postura se calman rápidamente, y esto les ayuda a recibir información del instructor.

Para niños de 5-7 años se puede dar la *meditación introductoria* en la forma del ejercicio «*el Sol*». Los niños forman un círculo, como si estuvieran en torno a un lago. Imaginan que ellos son árboles, hierba, flores que extienden sus brazos (ramas) hacia el sol; toman el sol en sus manos, lo acercan, abrazan esta gigante, caliente esfera brillante y el sol entra en el pecho y enciende el amor en nuestros corazones. Cada uno de nosotros se convierte en el *sol*; nuestros brazos se vuelven sus rayos. Los niños giran de lado a lado, rotan con la suave música, ondulan con sus brazos, brillan con *luz*. Iluminan con el sol desde el pecho; para todos los otros, para los animales y las aves, para los peces en el agua, para los árboles y la hierba. Los propios niños sugieren a quién más quieren enviar su *luz-amor*.

Se pueden usar otras formas de hacer la meditación introductoria.

Es muy importante sentir cuándo es el momento de poner fin a este ejercicio. Es importante que los niños disfruten de la *luz* que emana de ellos, pero por otro lado, su estado sutil puede convertirse en agitación excesiva, y en tal caso se vuelven difíciles de controlar.

Entonces se puede hacer un precalentamiento o darles *ejercicios psicofísicos*. No hay que seguir el programa demasiado estrictamente; es más importante, en el proceso de guiar la clase, sentir qué se necesita en el momento actual. Durante las primeras clases, los *ejercicios psicofísicos* que siguen a la *meditación introductoria* son difíciles de hacer para los niños, ya que ellos tienen que cambiar de actividad tras la concentración. Pero tras uno o dos meses de trabajo pasan fácilmente de la *meditación introductoria* a los *ejercicios psicofísicos*.

Durante el calentamiento se pueden alternar ejercicios dinámicos con asanas de hatha yoga y pranayamas. Es mejor dar los ejercicios físicos en forma de juego o junto con la visualización. Esto hace que el calentamiento sea interesante para los niños. El instructor debería dar las asanas a los niños poco a poco, sin sobrecargarles.

Hacemos el precalentamiento con música suave, pedimos a los niños que hagan los ejercicios con suavidad, armoniosamente, sin prisa, tal que sus movimientos sigan el ritmo de la música. También se les puede sugerir el juego *Espejo* (ver el artículo de E.B.Ragimova) en el que el instructor hace movimientos y los niños los imitan.

Presentamos a continuación los ejercicios que hacemos en la clase con mayor frecuencia:

1. Levantamos las manos e «inhalamos» *luz solar* a través de las palmas; luego nos agachamos y «exhalamos» todo lo oscuro, grosero y desagradable, de modo que en el interior del cuerpo quede sólo la dorada luz del sol. Repetimos este ejercicio 3-6 veces.

2. Estamos erguidos con los pies tan separados como el ancho de los hombros; los brazos a los lados, con las manos ligeramente atrás, y las palmas mirando adelante. Al inhalar elevamos los dedos de los pies y movemos las manos hacia adelante y arriba como siguiendo la curva de una ola; al exhalar las manos descienden, palmas mirando abajo, y los dedos de los pies vuelven a tocar el suelo. Repetimos este ejercicio seis veces.

3. Adoptamos la *postura de la montaña* (tadasana), centrando la atención en los brazos que se mueven suavemente hacia arriba, como por sí mismos, sin ningún esfuerzo de nuestra parte; tan sólo vemos cómo se alzan. Más tarde, cuando los niños comiencen a pintar, el instructor puede recordarles este sentimiento trazando una analogía entre el movimiento espontáneo de los brazos en tadasana y el movimiento de la mano que sostiene el pincel.

4. Entonces los niños pueden hacer la *postura del árbol*: su variante en la que la mano izquierda sostiene el empeine del pie izquierdo doblado hacia atrás; la mano derecha está relajada y ligeramente alzada por encima de la altura de la frente con su palma hacia adelante. El instructor sugiere que los niños sientan la pierna derecha como el tronco de un árbol con sus raíces entran-

do profundamente en el suelo; la mano derecha es una rama; su palma y sus dedos son hojas del árbol. A continuación se hace la variante simétrica de esta postura. En esta asana los niños pueden permanecer entre medio minuto y dos minutos.

5. Luego hacemos gradualmente los ejercicios siguientes con una música suave:

— la *postura del triángulo* (utthitatrikonasana),

— la *postura del ángulo lateral extendido* (utthitaparsvakonasana),

— la *postura del guerrero* (virabhadrasana) [18].

6. Entonces uno puede hacer varios ejercicios de mianchuan («agua lenta») o tai chi chuan. Por ejemplo, «levantar la pierna usando un hilo inexistente», o «levantar la rodilla usando un hilo que no existe», o «coger y levantar una inexistente pared que se cae», etc. Muchos de estos ejercicios se describen en [37].

Se pueden complementar estos ejercicios con pranayamas [9] y visualización.

7. En las primeras clases pueden ser muy útiles los ejercicios del inicio del curso de autorregulación psíquica descritos en [9].

Los niños hacen con gusto aquellos ejercicios que se asemejan a un juego y se complementan con la visualización.

8. El ejercicio *Mariposa* (para estirar los músculos de las piernas; basado en la postura bhadrasana) es uno de los preferidos de los niños. Nos sentamos en el suelo en posición vertical, las piernas están dobladas y abiertas hacia afuera, con las plantas de los pies unidas una con otra; las manos agarran los empeines y los dedos de los pies. Las piernas dobladas hacen movimientos elásticos y rítmicos hacia abajo, estirando así los músculos. Al hacer este ejercicio, los niños pueden imaginar que son mariposas revoloteando sobre las flores. La mariposa ha

elegido una flor, desciende sobre ella, y deja de moverse. Entonces pliega sus alas (los niños mueven las rodillas hacia arriba), liba el dulce néctar, agradece a la flor, y vuela a otras flores.

9. Entonces uno puede hacer la *postura del pez*, la *postura de la serpiente*, la *postura del arco* y la *postura del barco* [18].

10. Los niños de 10-11 años de edad realizan bien la siguiente serie de asanas: *postura de la media vela* (Viparitakarani), *postura de la vela* (sarvangasana), *postura del arado* (halasana), *postura del conejo* (sasangasana), *postura de la media vela*, *postura de la vela*, *postura de la media vela*.

11. Todos los niños hacen gustosos este ejercicio: los pies están más separados que la anchura de los hombros, inhalan y se doblan hacia atrás, exhalan y se inclinan hacia adelante, hasta poner las palmas de las manos en el suelo. «Caminan» con las manos un poco hacia delante, pero los pies no se mueven, y el cuerpo se hunde hacia abajo. Giran la cabeza y miran primero al pie derecho, y luego al izquierdo. Luego vuelven suavemente a la posición original.

12. Al final los niños pueden saltar un rato. Les gusta imaginarse como muñecas de trapo y brincar suavemente, relajándose en la posición final. Pueden imitar los saltos que se hacen con una cuerda de saltar, aplaudir en cada salto, darse a sí mismos palmadas en las nalgas o haciendo torsiones de un lado a otro, etc.

No es preciso incluir todos estos ejercicios en el calentamiento de cada clase. Cuanta menos edad tengan, menos debemos cargarles: el instructor ha de aumentar la carga muy gradualmente de una clase a la siguiente. Uno tiene que tener en cuenta que los niños siempre quieren algo nuevo. Por lo tanto, el instructor tiene que cambiar las formas de los ejercicios a menudo. Esto es especialmente importante para los niños más pequeños.

Para ayudarles a hacer *ejercicios psicofísicos* con éxito, el instructor puede sugerirles imágenes. Por ejemplo, imaginar que son peces, algas marinas, árboles, nubes, pájaros, olas, el viento, globos, copos de nieve, motas de polvo, barcos de vela, etc. Una vez que se han identificado con ella pueden fácilmente llenar esa imagen con *luz*.

Con el tiempo los niños hacen *ejercicios psicofísicos* más fácilmente y con más interés. Todos ellos sentirán la *Luz* que llena sus cuerpos y el espacio alrededor de ellos; lo sienten como algo real.

La *danza espontánea* para los niños tiene que ser complementada con visualización e introducirse en las primeras clases. Ellos fácilmente se mueven, bailan; no se sienten tímidos ante los demás, nunca se preocupan por cómo se les ve desde el exterior.

Es muy interesante hacer el ejercicio *Loto* como primer *ejercicio psicofísico*. Los niños se sientan en el suelo en un círculo; sus piernas estiradas hacia adelante; sus pies en el centro del círculo. Forman una flor de loto en conjunto; cada niño representa un pétalo de esta flor. Se pueden tomar de la mano e inclinarse hacia adelante para cerrar el botón floral, luego se enderezan, sueltan las manos y se tumban con la espalda en el suelo, imbuyéndose a sí mismos con la luz del sol que fluye desde arriba. Después se sientan. Uno de ellos se levanta y comienza a girar en el centro, entonces el siguiente se une a este torbellino, y el siguiente... Todos forman el círculo interior y giran suavemente. Se pueden hacer otras variaciones de este ejercicio.

La *relajación* es un ejercicio muy importante. Todo el mundo sabe que a la gente moderna le resulta muy difícil relajarse. Quienes no pueden relajarse acumulan mucho cansancio ya a sus veinte años.

En la relajación es muy importante y conveniente dar directrices éticas a los niños para desarrollar en ellos las emociones de amor, afinar su percepción de la naturaleza y darles educación ecológica. Las meras conversaciones con ellos no tienen ese efecto.

El instructor sugiere imágenes a los niños durante toda la relajación. La voz del instructor guía al niño y no permite que se vaya a un estado de relajación que sería demasiado profunda [9]. Por ejemplo, el instructor puede contar un cuento de hadas que se corresponde con el tema de la clase. La relajación puede ser realizada en la *postura de la media tortuga* o en la *postura del cocodrilo*, sobre la espalda, o de lado. Por lo general, el instructor sugiere a los niños alguna postura en particular; si hay niños que prefieren otra postura el instructor no debería impedir que la adopten.

La forma de dar la relajación a los niños es diferente según las edades. Los de 10-11 años pueden entrar en el estado de relajación profunda con música suave y la voz del instructor sugiriéndoles imágenes. Para los niños de 5-7 años se pueden utilizar con éxito los métodos descritos en el libro [44].

La *pintura* también se puede hacer de diferentes maneras dependiendo de la edad de los niños. Se puede usar cualquier material para hacer cuadros; en nuestras clases preferimos tintes. Los niños utilizan acuarelas, acuarelas con cal o gouaches. Para los niños en edad escolar son mejores los gouaches; las acuarelas son más efectivas para edades mayores. Los pinceles deberían ser grandes y planos; para pintar detalles finos tiene que haber también pinceles delgados. Y se necesita un trozo de tela para limpiar los pinceles.

Primero hay que enseñar a los niños a mezclar colores y hacer matices sutiles y puros de diferentes tonos. Esto se hace con grandes manchas de color.

Todas las herramientas tienen que estar preparadas de antemano, antes de la clase. Cuando los niños salen del estado de *relajación*, ellos mismos cogen todo lo necesario y empiezan a pintar.

El sentimiento de la armonía del color es inherente a muchas personas desde el nacimiento. Pero a menudo no conocen sus habilidades y por lo tanto necesitan que se les ayude con esto. Si esta ayuda se proporciona en la infancia el niño comienza a desarrollarse más armoniosamente.

A los niños de 5-7 años hay que sugerirles el tema de la pintura y mostrarles los métodos de trabajo, ya que carecen de las habilidades básicas para pintar. Sería bueno que el motivo tuviera un cierto estado incluso en su título, como es habitual en China y Japón. Los niños pintan arroyos que fluyen sobre nieve que se funde, nubes que cambian de forma con el viento, ramas de árboles sobre un cielo puro o el sol naciente, el mundo submarino, prados con flores y mariposas, el sol, el mar, etc. Pueden pintar animales, pájaros, árboles, flores; esto desarrolla en ellos el amor por todas las criaturas.

En el proceso de pintar los niños aprenden a ver el mundo. De esta manera se puede enseñar a los niños a ver y sentir el mundo desde perspectivas de lo más interesantes.

En el trabajo con los niños de 10-11 años se pone el énfasis en la espontaneidad. A esta edad basta animarlos un poco y dirigirlos, y comienzan a expresar sus estados de ánimo y a usar los métodos de trabajo que les son familiares. Los niños aprenden y aplican nuevas técnicas con mucha facilidad.

En el proceso el instructor no debe ser un extraño, sino que ha de pintar junto con los niños para establecer el estado de ánimo correcto y para ayudarlos. También es necesario evitar que los niños charlen mientras pintan, ya que esto hace que dejen los estados sutiles. No es tan fácil con los niños de 5-7 años, porque experimentan todo lo que pintan, y lo dicen en voz alta. Sin embargo, el instructor tiene que prestar atención a este asunto y evitar la charla excesiva.

Beber té es también un componente importante de la clase. Antes de la comida, el instructor da la meditación que sintoniza a los niños con el sentimiento de gratitud hacia la tierra y las personas que les alimentan. Puede ser la primera vez que los niños empiezan a pensar en este asunto. Bajo la guía del instructor, aprenden a compartir la comida con los demás y a tener una actitud cuidadosa hacia ella.

Si en el proceso de tomar té los niños empiezan a hablar de temas vanos, el instructor debe intentar dirigir sus conversaciones a asuntos espirituales cambiando suavemente el tema. A veces los niños mismos son los que hacen declaraciones de ese tipo a otros.

Un importante recurso pedagógico del trabajo con niños es *ir al campo*. Hay que llevar a los niños a la naturaleza con objeto de darles ejemplos de la actitud correcta y cuidadosa hacia ella, lo cual es muy importante para su futura vida espiritual.

En tales salidas resulta que muchos niños pueden hablar con las plantas, insectos, animales y pájaros y entenderlos bien.

Uno puede aprender mucho de niños como esos.

Sin embargo, otros se sorprenden con la actitud hacia las plantas y los insectos como seres vivos capaces de sentir dolor y de amar. Al principio estos niños hasta se ríen, porque no lo entienden. Pero, con el tiempo, aceptan la misma percepción de los objetos de la naturaleza como seres vivos, porque lo aprenden también en las meditaciones de las clases.

Tal actitud hacia la naturaleza es cercana a los niños; la aceptan fácilmente y empiezan a ver la naturaleza como Templo de la Vida.

En excursiones al bosque los niños también aprenden a hacer fuego sin causar daño a los seres vivos, a no tener miedo del mal tiempo, a distinguir las plantas comestibles y no comestibles, a distinguir las llamadas de diferentes aves y a disfrutar de su canto.

También es útil enseñarles diapositivas sobre los estados de la naturaleza. Pero no hay que proyectar demasiadas, porque se cansan pronto.

Cuando el grupo está bien preparado, puede empezar a trabajar con el ejercicio *Surya Namaskar* o *Saludo al Sol* [18]. Los niños de 10-11 años hacen esta serie de asanas con placer. Es muy bueno hacerla en la naturaleza.

A veces se producen conversaciones sobre temas religiosos; ocurre con mayor frecuencia en el bosque, cuando el grupo se sienta alrededor de una fogata. Es interesante que todos los niños de 10-11 años que han estado asistiendo a las clases durante cinco meses creen que Dios existe. La mayoría Le imaginan como *Luz* o como el Espíritu que Todo lo Penetra, aunque no les hemos hablado de estas ideas en las clases. Tales percepciones resultan de su experiencia personal adquirida durante los ejercicios psicofísicos y otros.

Nuestra práctica al llevar este tipo de clases muestra que al principio hay muy pocos niños armoniosos con los que el instructor pueda trabajar con facilidad y placer. Sin embargo, su número crece a medida que las clases continúan. Al final del curso de cinco meses, cerca de un 40% de los niños del grupo valoran mucho las clases. Trabajar con ellos es un gran placer y recompensa para su instructor.

Autorregulación psíquica para niños de 11-13 años
S.V.Zavyalov

A la edad de 11-13 años los niños acumulan activamente *conocimientos básicos* sobre el mundo que les rodea. Algunos empiezan a dominar la *armonía;* esto se relaciona con la formación de las estructuras emociogénicas del organismo y su búsqueda de la armonía en las relaciones con otras personas y con el mundo.

Teniendo esto en cuenta, el instructor tiene que proporcionar a los niños información sobre todas las cuestiones importantes para ellos, ayudar a desarrollar su capacidad creativa, formar en ellos una actitud benevolente hacia el mundo. Es importante que los estudiantes aprendan sobre sus posibilidades en la vida y reciban la oportunidad de *probarse a sí mismos* en diferentes tipos de actividad.

La edad adolescente es la etapa en que tiene lugar el desarrollo físico y psíquico intensivo del niño.

Especialmente significativos son los cambios anatomo-fisiológicos relacionados con la pubertad (se trata de una compleja serie de cambios anatómicos, fisiológicos y psicológicos). El proceso puberal y el rápido crecimiento del cuerpo incrementan en los adolescentes su vulnerabilidad psíquica y excitabilidad. En el entorno social, los requerimientos que se les hacen cuando llegan a la edad adolescente se vuelven más altos. Ello puede presentarles dificultades debido a su falta de experiencia de vida. En tal caso, pueden mostrar conducta y emociones inestables.

El instructor tiene que tener en cuenta todos estos problemas a la hora de crear el programa para las clases.

Para la creación de nuestro programa de trabajo se utilizó el curso de *autorregulación psíquica* para adultos [9] (su primera parte, previa al trabajo con los chakras) y la experiencia de trabajo con niños acumulada en la Escuela del Dr.Antonov.

Nuestras clases incluyen también algunos métodos de hatha yoga y lucha libre, conversaciones éticas, etc.

Por lo general, las clases se llevaron a cabo conforme a este esquema:

1. *Meditación introductoria.*

2. *Ejercicios psicofísicos,* meditación *Latihan, danza espontánea.*

3. La serie de asanas *Surya Namaskar.*

4. Juegos-meditaciones, ejercicios para desarrollar la concentración, pranayamas.

5. Juegos dinámicos.

6. Asanas de Hatha yoga.

7. Elementos de lucha libre.

8. Relajación.

9. Conversación.

La parte psicoenergética de la clase es especialmente importante, ya que desarrolla la esfera emocional y la capacidad de visualización; esto permite a los niños entender mejor el mundo que les rodea y conocer nuevos estados emocionales sutiles.

Debido al carácter específico de la percepción de los adolescentes, la primera tarea del instructor es interesar a los estudiantes en los ejercicios. De modo que el instructor tiene que decidir cómo presentar la información a los estudiantes.

Por ejemplo, se puede utilizar la siguiente explicación:

«Vamos a aprender cómo convertirnos en magos: para convertirse en mago tenemos que cambiar nosotros mismos, aprender a estar llenos de amor y bondad. Las personas que nos rodean sentirán esto. Si estamos llenos de bondad, entonces todo el mundo que nos rodea va a cambiar, porque vamos a verlo con otros ojos; sólo nosotros mismos podemos crear el mundo del amor y la alegría, y para esta tarea existen métodos especiales que podemos aprender.»

Uno puede contarles la historia de una niña ciega desde que nació, pero que luego recobró la vista. Miró a este maravilloso mundo por primera vez ¡y encontró que es muy hermoso! La niña preguntó a su madre: «¿Por qué no me hablaste de esto?» Y la madre respondió: «Te lo dije muchas veces, pero no podías entenderme!» De manera similar, todos nacemos espiritualmente ciegos; nuestros ojos espirituales están cerrados, ¡y no vemos el mundo de la belleza! Sin embargo, podemos aprender los métodos que nos permiten abrir los ojos espirituales, y entonces veremos que en torno a nosotros ¡está... el amor! Mas para llegar a esta meta, tenemos que hacer un esfuerzo.

Tras una introducción así los niños de buen grado empiezan a hacer la *meditación introductoria*, los ejercicios psicofísicos y otros.

El dominio de los *ejercicios psicofísicos* puede resultarles más fácil si sintonizan con imágenes de la naturaleza: una flor, un alga marina, el sol, etc.

Por ejemplo, al hacer el ejercicio *Despertarse*, los niños pueden usar la imagen de un girasol que siente la primavera, despierta y se extiende hacia el sol. Se hace más y más grande; sus hojas crecen; su brote se hace más vigoroso y se abre en una gran flor amarilla. Estiramos los brazos-pétalos a la *luz solar* y de ella llenamos el cuerpo-tallo... y poco a poco ¡quedamos formados por *dorados rayos de sol*!

Para el ejercicio *Reconciliación* puede usarse la imagen del *océano de tierna luz*; estamos en su fondo y acariciamos este *océano* con nuestras manos, dándole nuestra ternura con esos toques.

El ejercicio *Regalar*: dentro de mi pecho, una gran flor blanca florece; todo el pecho se llena de su fragancia sutil; con mis manos extiendo esta fragancia a mis amigos.

Danza espontánea: Soy un alga marina en el danzante volumen de un agua tibia.

Es bueno realizar la meditación *Latihan* usando la imagen de una alegre lluvia dorada.

En nuestras clases también usamos la técnica de la sonrisa interior. Esto implica que uno ha de aprender a hacer de la sonrisa externa no una mera máscara a usar cuando haga falta, sino hacerla nacer desde la sonrisa interior.

Una vez más, el instructor ha de hallar formas de presentar este ejercicio a los niños. Este método consiste en visualizar la propia cara sonriente, y luego desplazar la energía de esta sonrisa al corazón espiritual y distribuirla a todo el organismo. Entonces el instructor sugiere a los estudiantes sentir esos labios sonrientes y los ojos que irradian alegría apareciendo en diferentes partes del cuerpo... ¡y todo el organismo comienza a brillar con una sonrisa! Es muy importante que el instructor, también, haga este ejercicio con total compromiso emocional, de modo que los niños puedan imitarle; las habilidades de imitación generalmente están bien desarrolladas en ellos.

Es importante enseñarles la concentración para que su atención no se disperse y se haga constante. A tal fin uno tiene que encontrar un enfoque que atraiga a los niños. Por ejemplo, durante la *meditación introductoria*, primero imaginamos que estamos de pie en el planeta Tierra rodeados de muchos seres vivos. El sol brilla en lo alto y nos da vida. Escuchamos cómo laten nuestros corazones... Luego imaginamos que en lugar del corazón en el pecho hay un adorable trocito de sol, y todo el pecho se nos llena con su *luz*, y empezamos a brillar como un proyector desde el pecho...

Para desarrollar la capacidad de visualización son útiles los siguientes ejercicios:

El ejercicio *Libélula*: estamos de pie en un claro del bosque en un cálido día de verano; descalzos sobre hierba verde y suave, y sentimos que la hierba es *muy* suave... Una libélula vuela cerca de mí; estiro mi mano hacia ella... y ella desciende a mi mano. La libélula goza bajo el sol... Calentemos a la libélula con nuestro amor que fluye desde la palma de la mano...

Hay un ejercicio con una naranja: pelamos una imaginaria naranja; su jugo fluye por nuestras manos, mordemos un gajo y tragamos...

En nuestras clases también usamos algunos pranayamas. Por ejemplo, nos volvemos magos. En la palma de todos hay una blanca bola de *luz*. La insertamos en la palma, la movemos por el brazo, por el pecho, a través del otro brazo, y la bola aparece en la otra palma. Al principio los niños pueden hacer este ejercicio en parejas: uno de ellos mueve su dedo a lo largo del trayecto por el que se mueve la bola para ayudar a su compañero a hacer el pranayama.

Los niños enseguida se cansan de concentrarse, así que es importante terminar el ejercicio a tiempo para que se mantengan en un buen estado emocional.

En las clases también usamos ejercicios de identificación de uno mismo con alguna imagen (lo mejor, una que sea dinámica). Por ejemplo, nos adentramos en la imagen de un pájaro que vuela, o nos identificamos con un avión, o jugamos al tren y cada uno se convierte en un vagón de este tren, pasamos por varios lugares, distintos paisajes. O nos unimos y formamos una gran serpiente que se mueve hacia adelante. O nos convertimos en un cardumen de delfines juguetones; el mar es nuestro hogar; viajamos en el mundo bajo el agua, damos saltos sobre el agua y nos sumergimos de nuevo. Estos ejercicios traen mucha alegría a los niños.

A fin de volver estables los estados emocionales sutiles y así hacer a los niños sanos y fuertes, el instructor tiene que proporcionarles las habilidades básicas del trabajo con el cuerpo. Uno de estos métodos son las asanas de hatha yoga.

En las clases usamos, entre otras, la serie de asanas *Surya Namaskar o Saludo al Sol*. Tras varias asanas simples siguen: la *postura del cuco*, la *postura de la rana*, la *postura del arco*. Antes de hacer las asanas los niños hacen la sintonización emocional: se dicen a sí mismos que van a hacer las asanas bien y con confianza. También aprenden que tenemos que hacernos dueños de nuestros cuerpos, no al revés.

Los ejercicios de lucha son muy útiles para el desarrollo armonioso de los adolescentes. Los niños pueden aprender métodos sencillos de artes marciales como el sambo o el aikido. Las clases de lucha se realizan como situaciones de juego. Desarrollan fuerza, les dan estabilidad psicológica ante situaciones difíciles y ayudan a desarrollar la fuerza de voluntad. Junto con el hatha yoga, permiten al niño dominar el cuerpo, para lograr que se sienta mejor. Esto contribuye al desarrollo del coraje y les da habilidades prácticas.

Para la relajación emocional y de cara a que los niños se interesen más en las clases empleamos todo tipo de juegos de movimiento. Son diferentes variantes de los juegos de persecución, carreras de relevos, etc. Los niños se vuelven muy agitados durante este tipo de juegos, así que tiene sentido, tras hacerlos, enseñarles a calmarse en una de las posturas de relajación.

Para descansar al final de la clase, y durante la clase si hace falta, usamos la *relajación* en la *postura del cocodrilo*, en la *postura de la media tortuga* o tumbados de espaldas. Durante la relajación usamos la visualización de nubes que flotan en el cielo, pájaros planeando; los niños pueden identificarse con estos objetos.

Una de las partes más importantes del programa es la conversación final, en la que el instructor realiza las partes intelectuales y éticas de la labor. Las conversaciones con los niños se basan principalmente en el material del Nuevo Testamento (concretamente, en las parábolas), junto con la discusión sobre temas tales como:
— el significado de la vida,
— la vertiente ecológica de la existencia humana,

— cómo desarrollar en uno mismo la capacidad de amar,

— los principios de la evolución en el universo,

— cómo vivir sin causar daño a nadie.

Desarrollamos tal conversación durante 10-15 minutos en forma adecuada para los niños. Muchos están interesados en estos problemas y empiezan a hacer preguntas, lo cual es bastante importante.

Ellos muestran mucho interés en la cuestión de la *ahimsa* de *kshatriya*. *Ahimsa* es el principal principio ético que dice: «No causes daño, en todo lo posible, a otros seres vivos: ni en acciones, ni en palabras ni con pensamientos» [9]. Un *kshatriya* es un líder, un guerrero. El *ahimsa de kshatriya* dice lo siguiente: «Para ser capaz de usar el poder sin enojarse, ¡hay que ser fuerte y amable!». Los niños necesitan trabajar con este tema de manera práctica, con la ayuda de los métodos de lucha.

Es beneficioso que el instructor pueda realizar varias clases en plena naturaleza, en el bosque. Aquí los niños pueden aprender una actitud cuidadosa hacia la naturaleza viva. Por ejemplo, cómo construir un fuego sin causarle daños. También pueden intentar encontrar las fronteras de los capullos bioenergéticos de los árboles; esto ayuda a comprender en la práctica que todos los seres vivos que nos rodean son nuestros compañeros en el proceso de la evolución.

* * *

Al final de las clases se pueden notar los cambios que se han producido en los niños. Estos cambios son, en primer lugar, un conocimiento más amplio y más amplias perspectivas, habilidades y cualidades positivas, el interés activo en la reforma de uno mismo, de acuerdo con la información presentada en las clases, y un menor nivel de desconfianza. Muchos comienzan a estudiar mejor en la escuela, se vuelven más tranquilos; algunos corrigen su conducta de acuerdo con los principios éticos que han aprendido.

Sus padres notan que los niños adquirieron aspiración a la creatividad (quieren pintar, quieren ir a clases creativas), que desarrollaron confianza en sí mismos y que tienen un mayor interés hacia las clases en la escuela ordinaria.

Sobre la metodología de enseñanza de artes marciales a niños
S.E.Zhigulin

Sucede muy a menudo que la enseñanza de las artes marciales conduce al crecimiento de las cualidades más despreciativas en personas que ya poseían tales cualidades antes. También puede dar una cierta ventaja a los que entran en el camino criminal. Por supuesto, mucho depende de cómo se haga la enseñanza, es decir, qué normas éticas sugiere el instructor a los estudiantes.

Por otra parte, la enseñanza de las artes marciales puede convertirse en una parte importante de la labor de las verdaderas escuelas espirituales, donde las ideas de amor hacia Dios y hacia todo lo vivo, incluyendo personas, plantas y animales, se convierten en la base de la visión del mundo de los estudiantes.

Esto es especialmente importante al enseñar a los niños, ya que las visiones iniciales que se les dan en el comienzo de la vida definen en gran medida su futuro destino.

El verdadero significado del dominio de las artes marciales en el trabajo de las genuinas escuelas espirituales no consiste en obtener la habilidad de derrotar enemigos, sino en la superación de las propias debilidades y deficiencias. Esto implica el desarrollo constante de uno mismo como una persona activa, que hace realidad en la vida los principios éticos y espirituales como la fortaleza, la actitud amable y cuidadosa hacia los objetos del mundo, la bondad y el amor sincero y tierno combinado con la disposición para el autosacrificio. Además, no hay duda de que tales clases, si se realizan correctamente, pueden mejorar significativamente la estabilidad social y psicológica de los estudiantes.

La principal forma de enseñanza de las artes marciales son las clases realizadas para grupos de estudiantes. Esto permite al instructor enseñar a los estudiantes mediante, entre otras vías, la formación de verdaderas relaciones espirituales dentro del propio grupo. En el proceso formativo los niños aprenden a comunicarse entre sí y con los adultos. El instructor que posea ciertas habilidades casi siempre se convierte en objeto de admiración e imitación de los estudiantes. Esto, a su vez, requiere un gran sentido de responsabilidad en tal persona. El instructor puede fácilmente «encender los corazones» de los estudiantes con su propio ardor espiritual y llegar a ser para ellos un ejemplo de ética más alta no sólo en el gimnasio, sino en la vida habitual también. Sólo una persona con el corazón espiritual abierto es capaz de desempeñar esta tarea. El instructor también tiene que crear la atmósfera de la benevolencia y la sinceridad, para liberar la potencialidad espiritual de los estudiantes, para formar en ellos la actitud correcta hacia el mundo.

Para un estudiante el aprendizaje comienza con el desarrollo de la actitud correcta hacia el gimnasio donde se dan las clases; el gimnasio es el lugar de desarrollo del alumno, y por lo tanto tiene que ser mantenido limpio y ordenado. El estudiante tiene que comportarse decentemente en él. Durante la clase el estudiante no tiene que hacer mucho ruido, desviar la atención de los demás, ni hacer nada sin la orden del instructor. Siguiendo estas reglas, los niños aprenden a controlar sus emociones y acciones.

Los estudiantes comienzan su formación en una posición de pie o sentados en la *postura del discípulo*. Puesto que las artes marciales desarrollan la esfera motriz-energética del organismo (uno de sus coordinadores es el dantian inferior) hay que hacer este trabajo con el trasfondo de las emociones sutiles. Para ello, el instructor sugiere que los estudiantes se concentren en la imagen del sol naciente y les ayuda a deshacerse de la tensión emocional y muscular, a fin de activar el dantian medio y entrar en los sutiles estados emocionales positivos.

La siguiente parte de la clase es el calentamiento. Consiste en movimientos de tipo tai chi. Llamamos a esta serie de movimientos *Junco meciéndose*. Al sumirse en la imagen de un junco oscilando con el viento los estudiantes pueden hacer con facilidad los movimientos básicos de calentamiento: balanceo, flexión, flacidez. Esto ayuda a hacer el cuerpo relajado y flexible.

El instructor sugiere ejercicios más y más complejos, poniendo el énfasis en lograr plasticidad y elasticidad. Retener un estado interior agradable, cómodo, es una condición esencial para aumentar la carga con garantías. Sólo así se pueden evitar traumas, aprender a hacer las *formas* (*katas*) con fluidez, y dominar toda la técnica correctamente. Esto tiene un efecto positivo en el cuerpo (gracias a la eliminación de las tensiones de largo curso, restaurando y armonizando todos los procesos en el cuerpo) y armoniza el estado psíquico en general.

Enseñar a los estudiantes a asumir la posición correcta del cuerpo es un elemento importante de las artes marciales. Esta es la base para el dominio de la técnica básica, porque desarrolla la estabilidad, que es fundamental para las *formas* dinámicas. Aunque a los niños no les gusta estar mucho tiempo en la misma posición, estos ejercicios son muy importantes por una serie de razones, no sólo por el dominio de los aspectos técnicos de la materia. Ellos ayudan a desarrollar, entre otras cosas, el porte correcto, lo cual es importante para la salud.

Para dominar posiciones estáticas, usamos la imagen de un árbol que extiende sus raíces en la tierra y sus hojas hacia el sol. Al trabajar con esta imagen, los estudiantes aprenden con facilidad a relajarse y conservar el estado emocional positivo durante todo el ejercicio.

La vía dinámica para dominar los elementos técnicos es mucho más interesante para los niños, y permite al instructor incluir varios ejercicios en el trabajo. Por ejemplo, correr tiene un efecto positivo en los sistemas circulatorio y respiratorio, las acrobacias desarrollan el aparato vestibular, los ejercicios que involucran grandes amplitudes fortalecen el sistema oseomotriz. Una parte especial de la dinámica, dedicada a las acciones técnicas básicas, incluye movimientos, bloqueos y ataques.

Todo el mundo a una edad joven quiere volverse fuerte y confiado en sí mismo. Pero después de haber comenzado a aprender los ejercicios dinámicos, los estudiantes se dan cuenta muy pronto de la cantidad de tiempo y esfuerzo que uno tiene que invertir para dominar la técnica. Esto desarrolla en ellos diligencia y persistencia.

Casi todas las *formas* dinámicas de las artes marciales orientales tradicionales están relacionadas con imágenes de animales *totémicos*, a los que las gentes asignan virtudes superiores. La imitación es característica de los niños. Observando a los estudiantes el instructor puede ver, por ejemplo, que uno de ellos, al entrar en la imagen de un tigre, se queda tranquilo y hace movimientos llenos de energía suave. Otro sintoniza con la agresividad del tigre, con todas las consecuencias de este estado emocional; en este caso, el instructor tiene que explicar a este estudiante que esto está mal.

Recomendamos trabajar con imágenes de animales con mucho cuidado.

Lo más seguro y correcto es trabajar con imágenes de la naturaleza: sol, agua, viento, etc. Esto sintoniza a los niños con las emociones agradables, con la pureza y la armonía de la naturaleza. Por ejemplo, al sintonizarse con el suave flujo de un arroyo, los estudiantes comienzan a realizar movimientos con más fluidez, fácilmente, manteniendo un estado emocional positivo.

Muy a menudo se combinan estos métodos de meditación con pranayamas. Esto le permite a uno hacer una efectiva limpieza de los meridianos del cuerpo y lograr una mejora significativa de la salud de los estudiantes.

Los estudiantes pueden hacer *formas* trabajando solos o en pareja. Trabajar en parejas les hace usar todos los elementos aprendidos en la etapa preparatoria. En este trabajo, el instructor puede ver los puntos fuertes y débiles de cada estudiante. Una de sus tareas en este trabajo es aprender a percibir al socio no como a un enemigo, sino como amigo y ayudante. Tales relaciones desarrollan la sinceridad y la confianza en los demás, ayudan a superar el miedo y la falta de confianza en sí mismo, y por lo tanto a evitar el desarrollo de la agresividad. Estas cualidades les serán útiles a los niños no solo durante las clases, sino también en la vida diaria.

Nuestra experiencia demuestra que uno puede integrar en los grupos a todos los niños que sean lo bastante saludables. Además de otras normas éticas y de higiene de vida, recomendamos a todos los estudiantes el cambio a la nutrición «sin matanza».

Es natural que algunos estudiantes dejen el grupo tarde o temprano. Pero algunos continúan trabajando durante años. Cuando llegan a los 20 años les damos los métodos de trabajo con los chakras y meridianos, y luego los métodos del buddhi yoga [9-11]. Por supuesto, sólo se dan estos métodos más altos a los estudiantes que han aceptado plenamente los principios éticos y están bien desarrollados intelectualmente.

La enseñanza de las artes marciales no debe limitarse sólo a las clases en el gimnasio. También utilizamos otras formas de enseñanza: visitas a museos y lugares de importancia histórica, lecciones teóricas sobre la historia de las artes marciales de diferentes naciones, acampadas. Todo esto desarrolla la perspectiva de los niños, su respeto al patrimonio cultural de las diferentes naciones, y cultiva en ellos una actitud cuidadosa hacia la naturaleza. Así pues, la enseñanza de las artes marciales puede ayudar a resolver las tareas de crianza de los hijos como individuos armoniosos, totalmente desarrollados, para sentar en ellos las bases de la ética, la salud y la espiritualidad.

El Nuevo Testamento
y el trabajo espiritual con niños
A.V.Kremenets

«El sembrador salió a sembrar su semilla. Mientras sembraba, alguna cayó por el camino, fue pisoteada, y las aves del cielo se la comieron. Otra parte cayó sobre roca y brotó, pero se marchitó porque no había humedad. Otras cayeron entre espinos, y los espinos crecieron y ahogaron las plantas. Pero otra parte cayó en buena tierra, y cuando creció, produjo cosecha de a ciento» (Lucas 8: 5-8).

Jesús el Cristo dijo esta parábola a Sus discípulos y la explicó revelando el sentido profundo de las imágenes de la semilla, el sembrador, y el terreno. «La semilla es la palabra de Dios; la semilla que cayó a lo largo del camino es por es as personas a las que el diablo viene después y se lleva la palabra de sus corazones, de modo que no pueden llegar a creer y ser salvos; la semilla que cayó en la roca es por los que escuchan la palabra y la aceptan con alegría, pero no tienen raíz, y creen por un tiempo, pero en el momento de la prueba se apartan; la semilla que cayó entre espinos es por los que escuchan la palabra, pero luego se van y se asfixian con las preocupaciones, las riquezas y los placeres de este mundo, y no producen fruto; y la semilla que cayó en buena tierra es por los que, habiendo oído la palabra, la guardaron en el cálido y puro corazón, y con paciencia fructificaron» (Lucas 8: 11-15).

¿Cuál será la vida futura de los niños con los que tenemos contactos? ¿Serán capaces de elegir con beneficio para sí mismos la verdad en medio del flujo de información y de eventos que les rodean?

Si se preparó un buen terreno; si en la infancia uno recibió rica y polifacética información acerca del mundo; si se sentaron las bases de la ética, entonces el Camino espiritual de uno será menos sinuoso. Y si los adultos están sinceramente interesados en que los niños tengan una vida futura feliz —no en el sentido del éxito financiero, sino en el sentido del más seguro progreso en el Camino espiritual predeterminado por Dios— entonces tienen que construir relaciones con sus hijos de acuerdo con las normas Divinas que fueron dadas a la humanidad a través de Krishna, Gautama Buda, Jesús el Cristo, Babaji, Sathya Sai Baba, y otros mensajeros divinos [8,10-12].

El trabajo con niños en los grupos de autorregulación psíquica, descrito en los artículos de E.B.Ragimova, T.Matyatkova y M.K.Khaschanskaya, puede ser enriquecido con los temas del Nuevo Testamento. Este enfoque también se ajusta a los principios delineados en el artículo del Dr.Antonov *Principios fundamentales de la enseñanza de la autorregulación psíquica a niños y adolescentes.*

En la propia vida de Jesús el Cristo, en Sus gestos, discursos y parábolas, hay respuestas a muchas preguntas que pueden surgir en la vida de uno. Muchos aspectos de las relaciones del hombre con el mundo material, con otras personas y con Dios se reflejan en los Evangelios. Es importante que el instructor sea capaz de determinar lo más necesario para el niño en el momento presente y —teniendo en cuenta la edad y otras circunstancias del niño— impartir la información apropiada del modo más adecuado.

Usando el ejemplo de la vida de Jesús el Cristo, uno puede darse cuenta del principio mencionado en el artículo de Dr.Antonov: «El trabajo ético dedicado… debe sentar las bases de la ética en los estudiantes».

Uno principio más, mencionado en el mismo artículo: «El énfasis en este trabajo tiene que ponerse… en la expansión de los horizontes de los estudiantes, en informar a los estudiantes con el fin de ayudarles a elegir su forma de vida cuando crezcan».

Mediante el uso de los Evangelios, el instructor puede diversificar la información dada a los niños.

La información tiene que ser presentada en el formato que corresponde a la edad de los niños y, si es posible, teniendo en cuenta las peculiaridades individuales de cada niño, en aras de su más intenso y armonioso desarrollo en las tres direcciones principales: intelectual, ética y psicoenergética [3,6-10,13-16,24-28,41].

En el trabajo con los niños de cualquier edad, es necesario presentar la información de forma discreta. Si los niños no entienden lo que se les presenta, entonces uno debe tratar de entender la razón: tal vez la información se dio en una forma demasiado complicada, o las relaciones entre los niños y el instructor no hacen viable la comunicación en ese nivel de apertura que se necesita para impartir esta información, etc.

Un fallo en el trabajo con los niños tiene que ser interpretado como una indicación de que el instructor tiene que trabajar más en su autodesarrollo para poner en armonía sus aspectos éticos, intelectuales y psicoenergéticos.

Examinemos puntos importantes que nosotros hemos detectado en el trabajo con grupos de niños de diferentes edades.

A los niños de 4-6 años no les importa de dónde viene este o aquel principio de vida. Ellos sólo experimentan el trasfondo emocional que les rodea y se comportan en consecuencia. Si se trata de amor que les acepta como son, entonces los niños «absorben» el amor en sí mismos. Esto permite que el instructor despliegue las capacidades de los niños a máxima plenitud y acelerar su desarrollo. Si los niños no reciben el amor y, por otra parte, si se dirigen a ellos emociones negativas, entonces sufren, se vuelven reservados, o por el contrario, comienzan a comportarse llamativamente.

Por tanto en el trabajo con niños de 4-6 años, uno ante todo ha de crear la atmósfera de amor, la atmósfera de una actitud estable y tranquila hacia todos los estudiantes en el grupo, independientemente de sus características buenas o malas.

A esa edad los niños aceptan fácilmente la idea de su unidad con el mundo, percibiendo incluso objetos inanimados como seres vivos, asignándoles caracteres y hábitos. Así pues, los fundamentos de la educación ecológica son percibidos por estos niños como algo evidente por sí mismo: «es doloroso para un árbol si uno rompe sus ramas», «una flor no quiere ser recogida»; todo esto es muy comprensible para los niños pequeños; sólo hace falta enfatizarlo.

Los niños de 4-6 años también entienden muy bien que el Amor Divino está potencialmente presente en cada uno de nosotros y que puede iluminar nuestras vidas y la vida de todos a su alrededor.

El significado del Amor Divino se puede describir a los niños con la ayuda de la imagen de un sol viviente que reside en cada uno de nosotros. Los niños pequeños pueden imaginar fácilmente que dentro de sus pechos hay un sol que da a todos su tierna *luz*. A ellos les gusta mucho brillar y dar esa *luz*. Puede haber muy distintas variantes de este ejercicio:

— brillar desde el pecho,

— derramar este amor y *luz* desde los ojos con la ayuda de una sonrisa,

— brillar con las manos y los dedos,

— brillar con todo el propio ser.

Al narrar a los niños cuentos de hadas e historias, se pueden usar diversas metáforas bonitas y expresiones que se encuentran en los Evangelios, por ejemplo, una comparación de la gente buena con árboles que dan frutos buenos.

Los niños de 7-10 años han adquirido ya cierta experiencia de vida. Tienen con el mundo ciertas relaciones que se fijan a esa edad. Si los niños crecieron en una atmósfera de amor y asistieron a estas clases, están abiertos y bien dispuestos a aprender los principios éticos que se pueden entender a la edad de 7-10.

Si en cambio crecieron en una atmósfera de emociones negativas, a esta edad pueden haber construido ya una «protección» contra un mundo que no puede satisfacer su necesidad natural del ser amados.

Las manifestaciones de esta «protección» pueden ser variadas. Son apatía, falta de interés en los alrededores, comportamiento desafiante (sobrecompensación del complejo de inferioridad), etc.

Estos niños a menudo provocan emociones negativas en los adultos. Y esto, a los niños mismos, les demuestra que son «malos», haciendo que aumenten la «protección» frente a quienes les rodean, que no quieren ver la esencia interior del niño. De esta manera se produce el constante aumento de la tensión en las relaciones entre niños y adultos. En algunas familias es más manifiesto, en otras, menos.

En las clases de autorregulación psíquica es importante romper esta «cadena»: protección — reacción de los adultos — protección... En cada niño tenemos que encontrar algo bueno, algo especial, y ayudar a descubrir esto por debajo de la «máscara» protectora.

A veces es suficiente dejar que los niños expresen su opinión, prestar atención a sus palabras... y todas las «cohibiciones» se caen, y la «máscara» es abandonada.

Si los niños sienten que tienen la posibilidad de mostrar su valía, que el hecho mismo de su existencia es interesante para otras personas, entonces se vuelven sedientos de obtener nueva información de los adultos. Y para sentar las bases de la ética en los niños podemos contarles parábolas y relatos de los evangelios, junto con la información para ampliar sus perspectivas.

La vida de un grupo de adolescentes se desarrolla de acuerdo a ciertas leyes. Entre niños a menudo se producen conflictos. Si en vez de suavizar esas situaciones uno trata de ayudarles a examinar sus relaciones usando historias y parábolas de los Evangelios, eso puede cambiar su «escala de valores», hacerles éticos, amables y honestos.

A la edad de 11 a 14 los adolescentes tienen preguntas a las que aún no han encontrado respuesta. Ellos ya tienen una gama de formas de comportamiento; conocen diversos matices de las relaciones humanas; su actitud hacia ellos mismos ya se ha formado; y aparece en ellos el deseo de conocer los principios de este mundo. Hacen intentos de resolver los problemas que surgen sobre la base de los conocimientos que tienen. El trabajo en las clases puede ayudar a ordenar el conocimiento acumulado, a obtener nueva información, a distinguir lo verdadero de lo falso.

El uso de temas del Nuevo Testamento puede ayudarles a ordenar la información entrante, a aprender a controlarse a sí mismos, a soportar las dificultades de la vida que inevitablemente aparecerán.

En las clases con adolescentes la comunicación debe construirse en forma de diálogo. Es importante dar a cada niño la oportunidad de expresar su opinión. Esto puede ayudar a todos los miembros del grupo a ganar confianza en sí mismos, a aprender a respetar las opiniones de otros. Es muy importante enseñar a los niños que todo el mundo tiene derecho a tener su propia opinión. Y por lo tanto tenemos que dominar cualidades como la paciencia y la tolerancia.

El instructor tiene que analizar todas las clases después de que se han llevado a cabo a fin de comprender el estado y las necesidades de todos los miembros del grupo. Entonces podrá dar la siguiente parte de la información en la forma más adecuada, y conteniendo el significado que sea más importante en el momento actual.

Los temas de las discusiones y meditaciones pueden ser varios. Puede ser, por ejemplo, el tema del amor: «Amarás a tu Dios con todo tu corazón y con toda el alma y con toda tu mente» (Mateo 22:37), «Ama a tu prójimo como a ti mismo» (Mateo 22:39).

Por ejemplo, uno puede plantear preguntas como: «¿Por qué tenemos que cumplir estos mandamientos?», «¿Quién es mi prójimo?».

También es útil narrar la parábola de Jesús sobre un samaritano misericordioso: «Un hombre bajaba de Jerusalén a Jericó, y cayó en manos de ladrones, quienes le despojaron, le golpearon y se fueron, dejándolo medio muerto. Por casualidad, un sacerdote bajaba por aquel camino y, cuando vio al hombre herido, pasó por el otro lado. Así también un levita, cuando llegó al lugar y lo vio, pasó por el otro lado. Pero un viajero samaritano llegó a donde el hombre fue herido y, cuando lo vio, sintió compasión por él. Se acercó y vendó sus heridas, echándoles aceite y vino. Luego le puso sobre su propia cabalgadura, le llevó a una posada y cuidó de él. Al día siguiente dio dos monedas de plata al posadero, diciendo: "Cuida de él, y todo lo que gastes te lo pagaré cuando regrese por este camino".» (Lucas 10: 25-37). Así, un vecino no es el que, por ejemplo, tiene la misma nacionalidad que tú, sino que es cualquier persona amable.

De esto se puede concluir que TODAS las personas son hermanos y hermanas porque Dios ama a TODOS, y todos tienen la *Luz* Divina en su interior —Atman, el Espíritu de Dios que habita en nosotros—.

En este punto el instructor puede sugerir hacer la meditación de la búsqueda de la fuente de esta *Luz* Divina en el pecho, en el anahata. El pecho, el «hogar» de esta *Luz*, inicialmente está cerrado, bloqueado por «montones» de insultos, por las «piedras» de la envidia, inundado de la pegajosa pesadez del mal humor. Vamos a tratar de palear estos «montones» a un lado, para despejar el acceso a la «casa», para dar paso a la Divina *Luz del amor*. Sintamos cómo las ventanas de esta «casa» se van abriendo y el aire fresco va entrando; la *Luz* interior se hace más brillante; se vuelve difícil para ella tener sitio suficiente en el pecho... y se desborda sobre cada cosa alrededor: sobre nuestros amigos, sobre los árboles, las flores, los pájaros, por todo el espacio circundante, trayendo alegría y amor a todo el mundo.

Recordemos a alguien que era desagradable para nosotros hasta este momento. Lleguemos a ver que esa persona tiene la misma *Luz* en el pecho, aunque está bloqueada. Sintamos pena hacia él o ella y enviémosle un rayo de nuestro amor. Amemos a esa persona tal como es, pues Dios da a todos la posibilidad de ser mejores, más puros.

Antes de esta meditación es oportuno recordar la pregunta del apóstol Pedro a Jesús y la respuesta de Jesús: «¿Cuántas veces debo perdonar a un hermano que peque contra mí? ¿Siete veces?». «¡No te digo hasta siete veces, sino aun hasta setenta veces siete!» (Mateo 18:21-22).

El instructor también puede introducir la *Regla de Oro* en la vida del grupo: «Lo que quieras que otros te hagan a ti, así también haz tú con ellos» (Mateo 7:12).

Esta regla puede ayudar a resolver situaciones de conflicto y a tomar decisiones.

La *Regla de Oro* puede ser objeto de una clase particular.

Se puede usar como ilustración la historia de un rey y su siervo del Evangelio de Mateo. Un rey, movido a compasión, perdonó la deuda de su siervo, pero este siervo no perdonó la deuda de su consiervo y le llevó a la cárcel, olvidando que él mismo estuvo en la misma situación.

Uno puede discutir esta historia y dar diferentes ejemplos de la vida real. También se puede destacar que a veces es muy difícil perdonar y comprender: requiere esfuerzos y trabajo en reformarse a sí mismo, en vez de ira, condena, e intentos de reformar a los demás.

Nuestro desarrollo ¡sólo se produce por el autoanálisis, a base de esfuerzos por cambiarnos a nosotros mismos! Se pueden ganar nuevas cualidades del alma a través del trabajo sobre uno mismo, lo cual no debería posponerse, porque en el futuro aparecerán nuevas tareas que también necesitarán ser resueltas.

En las discusiones sobre temas espirituales es útil dar ejemplos de la vida de los adolescentes. Para hacer que se interesen en hablar sobre sus fallas el instructor tiene que explicar que todos nuestros problemas son lecciones dedicadas a nosotros. A veces no podemos darnos cuenta de qué es bueno y qué malo... hasta que lo encaramos. Y si en esta ocasión compartimos nuestras faltas sin miedo a ser condenados, nos vamos a beneficiar de dicha comunicación. Primero, al hablar de nuestras malas acciones nos deshacemos de su «carga» a través del arrepentimiento. Y en segundo lugar la experiencia de vida acumulada por nosotros puede ayudar a nuestros amigos a tomar decisiones correctas en situaciones parecidas.

A fin de que los adolescentes no sientan deseos de condenarse uno a otro en tales discusiones y otras situaciones, es útil discutir primero con ellos la pregunta: «¿Tenemos derecho a condenar a los demás?».

Todos caemos en nuestro camino de vida, tropezamos, y hacemos malas acciones. Como ilustración de esto uno puede recordar un relato del Nuevo Testamento: Una vez las gentes trajeron ante Jesús a una mujer «pecadora» y Le pidieron condenarla. Pero Jesús les respondió: «Que el que esté sin pecado entre ustedes tire la primera piedra» (Juan 8: 7). La turba se dispersó y pronto nadie quedó en torno a Jesús y la mujer. No se arrojó ni una piedra. Así pues, antes de empezar a condenar pensemos primero sobre si tenemos derecho a hacerlo; ¿estamos sin culpa? Imaginémonos a nosotros mismos en el lugar de esa persona a la que queremos golpear con una palabra o incluso por medio de un pensamiento. ¿Nos gustaría que nos hiciesen eso mismo a nosotros? Por lo general es difícil detenerse a pensar en esto, porque en esos momentos estamos enojados. A partir de este punto, el instructor puede orientar la discusión hacia el tema de la esencia de la ira y sus manifestaciones.

El mal nunca puede ser exterminado mediante el mal. El mal sólo engendra más mal. Únicamente el amor puede purificar al hombre del mal. A modo de ejemplo se puede recordar la historia de cómo Zaqueo, un recaudador jefe de impuestos, se volvió a la vida justa:

El publicano Zaqueo vivía en una ciudad llamada Jericó. Ofendía a las personas robándoles, cobrándoles más impuestos que los prescritos por ley. Cuando Jesús llegó a esta ciudad, Él no condenó a Zaqueo sino incluso decidió quedarse en su casa. Tal conducta inusual de Jesús cambió a Zaqueo al instante. El amor de Jesús llevó a Zaqueo al arrepentimiento (Lucas 19: 1-10).

El instructor puede sugerir la siguiente meditación: recordemos una situación en que condenamos a alguien. Revivamos esta situación mentalmente e imaginemos que Dios observa nuestra ira, nuestro rencor, y se ríe de que estemos enojados; desde fuera parecemos tan necios como esa persona con la que estamos enojados. Tratamos de entender a esta persona; le enviamos rayos de nuestro amor desde nuestros corazones espirituales.

Uno también puede discutir la naturaleza del mal. Por lo general realizamos malas acciones porque percibimos incorrectamente las cosas externas, y creemos que hacemos esas acciones en aras del bien. Uno puede narrar la historia de Saulo que, por sus creencias religiosas, era el peor enemigo de los cristianos. Pero tras recuperar su vista, comprendió y aceptó las enseñanzas de Jesús el Cristo y con el mismo vigor comenzó a predicar el cristianismo (Hechos 7:58; 8:3; 9:1-28).

Uno tema más: «Es fácil amar a quienes te aman». El mejor ejemplo de amor hacia todos es la conducta de Jesús en las últimas horas de su vida en la Tierra. Jesús sanó al siervo del sumo sacerdote, cuya oreja fue cortada por uno de los apóstoles durante Su detención en el huerto de Getsemaní. Jesús amó y se compadeció de las personas que crucificaron su cuerpo, porque «no saben lo que están haciendo».

Otro aspecto de las relaciones humanas puede sernos revelado en la parábola sobre un fariseo y un publicano: «Dios, te doy gracias porque no soy como los demás: ladrones, injustos, adúlteros, ni aun como ese publicano. Ayuno dos veces por semana. Doy diezmos de todo lo que gano», dijo el fariseo. Pero el publicano ni siquiera alzaba los ojos al cielo, sino que se golpeaba el pecho, diciendo: (Lucas 18: 10-14) «¡Dios, ten piedad de mí, que soy pecador!». ¿Quién de estas dos personas era más honesto acerca de sus cualidades espirituales?

También se puede discutir el tema: «El que se ensalza a sí mismo será humillado, y el que se humilla a sí mismo será enaltecido» (Lucas 18:14). Al hablar de esto tratemos de responder a las preguntas: «¿Qué significa "se humilla a sí mismo"?»; «¿De qué manera sería exaltada tal persona?».

Si los estudiantes están listos para comprender profundas verdades espirituales, el instructor también puede discutir la siguiente: «¿Qué beneficio obtiene el que gana el mundo entero, pero hace daño al alma?».

Nuestros cuerpos se pueden asemejar a los automóviles en los que llevamos a cabo un viaje llamado «vida». La manera en que hemos vivido en la Tierra predetermina el lugar para nosotros tras la muerte del cuerpo. Recordemos la parábola acerca de un hombre rico y Lázaro. El rico tenía todo tipo de bendiciones materiales en su vida terrenal y disfrutaba mucho de ellas, pero no pensó en lo espiritual. Lázaro, por el contrario, era pobre, pero llevó una vida justa. Cuando salieron de sus cuerpos físicos, el hombre rico se encontró en el infierno, pero Lázaro fue llevado al paraíso. «¡Padre Abraham, ten misericordia de mí y envía a Lázaro para que moje la punta de su dedo en agua y refresque mi lengua! Porque estoy atormentado en estas llamas.» Pero Abraham le dijo: «Hijo, recuerda que, en tu vida, recibiste tus bienes, y Lázaro, de igual manera, las cosas malas. Pero ahora éste es consolado aquí, y tú atormentado» (Lucas 16: 19-31).

Desde esta parábola se puede llegar de forma natural a la discusión sobre lo que es el infierno y lo que es el paraíso, sobre la estructura del universo multidimensional y el lugar de Dios Creador en él.

Hay otra parábola que también es adecuada para este tema: la del insensato hombre rico, que pasó todo su tiempo reuniendo y amasando riquezas materiales. Habiendo amontonado riqueza material, anticipó para sí una larga vida llena de placeres usando esas riquezas, pero Dios le dijo: «¡Necio de ti!, esta noche será requerida tu vida. Las cosas que has preparado ¿para quién serán?» (Lucas 12:20). «¡Cuidado! Guárdense de toda codicia, porque la vida del hombre no consiste en la abundancia de los bienes que posee» (Lucas 12:15). «No acumulen para sí tesoros en la tierra, donde la polilla y la herrumbre los devoran y los ladrones se abren paso y los roban» (Mateo 6:19). En esta declaración Jesús quiso decir que sólo los resultados de nuestro trabajo espiritual son realmente nuestros; que sólo estos resultados se mantienen con nosotros para siempre. Las posesiones materiales, por contraste, son temporales. Uno puede tener cosas buenas, vestirse bien, disfrutar de diversos dones materiales; todo esto es bueno y necesario para mantener el cuerpo físico en buena forma, pero esto no debe ser el propósito de la vida, no debe convertirse en nuestro principal objetivo.

Dos buenos temas de diálogo se hallan en la historia de Jesús y una samaritana: Jesús pidió un poco de agua a una samaritana, una mujer de nacionalidad diferente. Ella se sorprendió de que Jesús, un judío, no tuviera reparo en interpelarla, a diferencia de otros judíos. Jesús no mostró por Su conducta que ella fuese «inferior» a Él. Habiendo bebido algo de agua, dijo: «Todo el que beba de esta agua volverá a tener sed, pero aquellos que beban del agua que yo les daré nunca más volverán a tener sed; el agua que yo les daré, en ellos se trocará en fuente de agua de la que mana la vida eterna» (Juan 4: 13-14).

En primer lugar aquí hay un tema sobre la igualdad de las personas ante Dios, sobre la inadmisibilidad de la arrogancia. Uno puede complementar este tema con la historia de cómo el apóstol Felipe convirtió al cristianismo a un grande de Etiopía (Hechos 8: 26-39).

El segundo tema que dimana de la historia de Jesús y la mujer samaritana es el conocimiento divino, del cual nosotros mismos podemos beber, y podemos darlo a beber a los demás. Y el amor hacia los demás, del que Jesús dijo que es la condición previa para la comprensión de la Divinidad.

«Cuídense de no realizar vuestros actos de caridad delante de los hombres, para ser vistos por ellos, o de lo contrario no tendréis recompensa de vuestro Padre Celestial. Los hipócritas (…) ya han recibido su recompensa» (Mateo 6:1;5), «Al hacer una comida o una cena, no llaméis a vuestros amigos, ni a vuestros hermanos, ni a vuestros parientes, ni a vecinos ricos, o tal vez podrían devolveros el favor, y remuneraros. Sino que cuando hagáis una fiesta, invitad a los pobres, a los mutilados, a los cojos o a los ciegos; y seréis bienaventurados, ¡porque ellos no tienen los recursos para compensaros!» (Lucas 14: 12-14)

¿Cómo deberíamos entender esto? ¿Literalmente? ¿O como un redoblado énfasis en el significado que debe atribuirse a las relaciones entre las personas? Una buena acción que se hace por motivo de ser alabado no es verdaderamente buena, ya que está motivada por la expectativa de la recompensa. Esto se puede ver muy bien con los niños pequeños: algunos de ellos se niegan a cumplir una solicitud por la recompensa prometida. Sienten que el amor no tiene por qué ser recompensado materialmente. Sin embargo, a menudo enseñamos a los niños a hacer algo a cambio de una recompensa material, formando así en ellos una escala equivocada de valores.

Muy a menudo uno realiza acciones que más tarde ocasionan lamentaciones: traición, falsas evidencias, violación de una promesa. Luego viene el dolor del remordimiento, el pesar por lo que se hizo. A veces, en tales casos, uno mismo sabe que uno está equivocado, pero algo le impide hacer lo correcto. Por ejemplo, uno dice una cosa, otro insiste en otra cosa, y entonces la confianza en nuestra rectitud se pierde en el flujo de las opiniones de los demás.

Tenemos que aprender a ser firmes en nuestras decisiones, ya sean pequeñas o grandes. La «conducta gregaria» a menudo domina en nosotros. Estando en un grupo de personas a menudo hacemos cosas que nosotros nunca haríamos por nosotros mismos. El ejemplo más clamoroso de este factor de «conducta de rebaño» fue la persecución de Jesús el Cristo. «¡Crucifícale, crucifícale!» —gritaba la multitud a Pilato, exigiendo la sangre de Aquel Que trajo a esas personas Su Amor, Aquél Que les sanó…

¿Qué puede ayudarnos a fortalecer la confianza en nosotros mismos, en nuestras capacidades? Aquí uno puede usar la historia de Jesús caminando sobre el mar. «El apóstol Pedro dijo a Jesús: "Señor, si eres Tú, manda que yo vaya a Ti sobre las aguas." Él dijo: "¡Ven!". Y Pedro bajó de la barca y caminó sobre las aguas para ir hasta Jesús. Pero cuando vio que el viento era fuerte, tuvo miedo, y al empezar a hundirse, dio voces diciendo: "¡Señor, sálvame!". En seguida Jesús extendió Su mano, y se hizo con él, y le dijo: "¡Hombre de poca fe, ¿por qué dudaste?"» (Mateo 14: 28-31).

También se puede hablar de la labor de perfeccionamiento del alma; que este trabajo es duro, pero digno de todo esfuerzo: «Entren por la puerta estrecha, porque ancha es la puerta, y espacioso el camino que lleva a la perdición, y muchos son los que entran por ella. Pero estrecha es la puerta y restringida la senda que lleva a la vida; pocos son los que las encuentran» (Mateo 7: 13-14).

«Todos dieron de su abundancia, pero ella, de su pobreza, dio todo cuanto tenía para subsistir» (Marcos 12:44). Esta historia sobre dos pequeñas monedas de una viuda pobre puede servir como punto de partida de la conversación sobre cómo consideramos las obras de los demás. A menudo cerca de nosotros hay personas cuya contribución al trabajo o a otras cosas resulta imperceptible o no muy significativa, pero se hace con sus últimas fuerzas y con plena dedicación. Tenemos que detectar tales impulsos en las personas, apreciarlos y considerarlos como regalos preciosos.

Y un importante tema más: «Nada hay fuera de ti que, al entrar en ti, te pueda manchar; pero las cosas que proceden de ti, esas son las que pueden mancharte» (Marcos 7:15). Ninguno de los actos de otras personas, por repugnantes que sean, pueden en verdad ensuciarnos; sólo nuestras propias malas acciones y emociones nos ensucian.

Como conclusión, quiero decir lo siguiente. Este ensayo describe los principios para el uso de los temas del Nuevo Testamento en las pláticas y meditaciones en el trabajo con niños. Todo el que conduce clases para niños puede seleccionar del Nuevo Testamento el material necesario para casos particulares y darlo en el más conveniente formato para los niños.

Pero es importante recordar que algunos de los principios que figuran en los evangelios son comprensibles sólo para las personas de un nivel de desarrollo espiritual suficientemente alto. Y uno no debería dar tales complicados principios a los niños, ya que ello puede causarles perjuicio en su crecimiento.

Por ejemplo, «(...) Si alguien te golpea en la mejilla derecha, preséntale la otra mejilla también» (Mateo 05:39). Pero «poner la otra mejilla» puede ser un acto que deriva de la propia fuerza o de la propia debilidad; sólo la primera es correcta.[4]

---

[4] Esta y otras similares recomendaciones de Jesús son para aquellos que ya caminan por el Camino espiritual; para los guerreros espirituales que tienen que reforzar la firmeza de su amor, mediante la eliminación de, entre otras cualidades negativas, la ambición remanente, que es una manifestación del yo inferior, es decir, del egocentrismo.

Jesús dijo a Sus discípulos que cualquier daño causado al cuerpo, la propiedad o la personalidad no es nada en comparación con el conocimiento del Creador y la Unión con Él. Los

En cuanto a los guerreros, tienen que poseer las cualidades de las cuales Juan el Bautista dijo: «Los que tengan dos capas, que den a los pobres que no tienen ninguna. Los que tienen comida, que hagan lo mismo. No reclamen más de lo que les fue asignado. A nadie extorsionen, ni acusen a nadie injustamente. Estén contentos con sus salarios» (Lucas 3:11-14).

O, por ejemplo, la historia de Marta y María: María se sentó junto a los pies de Jesús, escuchando atentamente cada una de Sus palabras, y no ayudó a su hermana con los preparativos. Cuando Marta pidió a Jesús que enviara a María para ayudarla Jesús respondió: «Marta, Marta; te afanas y te preocupas con muchas cosas, pero una cosa es necesaria. María ha escogido la buena parte, la cual no le será quitada» (Lucas 10:38-42). Pero a fin llegar a ser como María, uno tiene que aprender primero a llevar una casa, para desarrollar en uno mismo las cualidades de un cabeza de familia. Uno tiene que llegar a ser como María no por pereza e incapacidad, sino porque uno ha conocido el trabajo en el plano material; porque ha dejado de temer a cualquier trabajo.

Al trabajar con los niños, familiarizándoles con el mundo, ampliando su perspectiva, dándoles los fundamentos de la ética, sentamos las bases sobre las que van a construir sus propios templos espirituales cuando maduren.

Debemos desarrollar diversas habilidades prácticas en los niños, enseñarles a vivir sus vidas de manera activa. Entonces en este suelo bien preparado, el buen fruto de la Palabra Divina crecerá.

---

intentos de proteger esas cosas triviales, que dan como resultado la salida del estado de Amor, no deben distraerle a uno de la Meta principal: de la plena realización del sentido de la vida (nota de V.Antonov).

Desarrollo de la creatividad en los niños
(Experiencia del club *Armonía*)

E.B.Ragimova

El concepto de la armonía del hombre incluye un muy amplio abanico de asuntos, los cuales no quedan cubiertos por el volumen de conocimientos y habilidades que se da en las escuelas. La armonía de la personalidad implica no sólo un desarrollo coherente de las esferas físicas, intelectuales y emocionales, sino también el desarrollo ético y espiritual, que le permite a uno vivir en armonía con el mundo circundante y le da la posibilidad de valorar la belleza y la perfección del mundo de la naturaleza e interactuar hábilmente con él.

Una de las principales tareas de la educación es ayudar a los niños a convertirse en creadores. Los niños tienen que desarrollar el deseo de conocerse a sí mismos, de conocer sus capacidades, y de hacerlas realidad por el bien de los demás.

Conocerse a sí mismo y «crearse» a sí mismo: esta es la más difícil de las artes. Así pues, uno tiene que empezar a resolver las tareas de la educación desde los primeros años de la vida de un niño. Uno tiene que encontrar y usar métodos para influir directamente en el potencial espiritual y creativo contenido en la esfera emocional-volitiva del niño. Uno tiene que despertar en el alma la aspiración a la Bondad y el Amor, lo cual puede convertirse en la fuente de la ética y la armonía de la persona [8-9,30-35,38-41].

En este artículo describimos nuestra experiencia de trabajo con grupos de niños y los métodos que usamos en este quehacer. Nuestras clases incluyeron ejercicios para el desarrollo de la imaginación, la atención, la memoria, el entrenamiento físico, métodos para templar el cuerpo y conversaciones sobre temas ético-psicológicos y estéticos. El desarrollo de la actividad creativa fue impulsado a través de la pintura, la danza y varios juegos. También utilizamos elementos de autorregulación psíquica [9] para llamar la atención de los niños sobre los problemas del autocontrol y la autoeducación, ambas herramientas necesarias para el desarrollo de una personalidad armoniosa.

El trabajo sobre el desarrollo de la capacidad creativa puede tener éxito sólo si hay un ambiente emocional positivo durante la clase. Las técnicas de autorregulación psíquica del sistema antes mencionado son muy útiles para este propósito, ya que crean un ambiente cálido, benevolente, y animan a los niños a «abrirse» y compartir lo mejor con los demás. También agudizan la percepción, mejoran la actividad mental y permiten a los niños contemplar el mundo con más amplitud de miras. Enseñando los métodos de autosugestión también se puede hacer psicocorrección de las personalidades de los estudiantes, lo cual es muy importante.

En la lista siguiente vemos los focos principales del trabajo con los niños:

a) Eliminar la desconfianza y la tensión emocional en los estudiantes.

b) Dotarles de habilidad para comunicarse de maneras armoniosas con los demás, sobre la base de la benevolencia.

c) Formar en ellos el pensamiento ecológico, incluyendo una actitud cuidadosa hacia la naturaleza.

d) Desarrollar la capacidad para concentrar la atención.

e) Dar forma en ellos a las necesidades estéticas.

f) Hacer entrenamiento físico básico, incluyendo ejercicios para que desarrollen un correcto porte y control del cuerpo; también juegos dinámicos, correr, y atemperar el cuerpo.

En cada clase, una de las facetas del total del trabajo es elegida como la principal.

Las clases se imparten dos veces por semana en un gimnasio. La duración de cada clase es de unas tres horas. Además, el fin de semana se usa para viajes fuera de la ciudad o para excursiones (por ejemplo, a salas de exposiciones).

El mejor número de alumnos en el grupo es de 12 a 16. El grupo se compone o bien de niños de 8-12 años, o de 10-15 años. Los padres pueden participar en la clase; esto crea un ambiente «cálido», «familiar», resuelve no pocos problemas dentro de las familias, y contribuye al desarrollo de las habilidades de comunicación. Es muy importante hacer que los padres se interesen en una forma semejante de trabajo con sus hijos. Si los padres comprenden la importancia de las tareas de nuestro trabajo el progreso de los niños se acelera. Por tanto la vertiente del trabajo con adultos es una tarea del todo independiente, que ha de ser realizada a base de conversaciones, charlas sobre nutrición, psicología de la comunicación con los niños, y familiarizar a los padres con la correspondiente literatura [8-9,29,31,33- 34,38-39,41].

Los niños y padres que participan en las clases deben ir vestidos con ropa deportiva y traer esterillas para sentarse en el gimnasio. La ropa y esteras han de ser de tejidos naturales, ya que la tela sintética puede tener un efecto adverso en los procesos metabólicos en el cuerpo. El gimnasio no debe iluminarse con lámparas fluorescentes.

* * *

La parte introductoria de cada clase incluye el ejercicio *Deseo*, que sintoniza a los participantes con la labor y crea un ambiente emocional positivo. Todos se sientan en un círculo[5] en la *postura del discípulo* (es decir, sentado sobre los talones, espalda vertical y las manos sobre los muslos). El instructor recuerda a todos que han de relajar los músculos de la cara, cuello, abdomen, brazos, y sugiere escuchar el silencio de la sala, y luego... el silencio interno... La voz del instructor debe ser lo suficientemente alta (que todos puedan oírle sin esfuerzo), tranquila, con pausas para hacer los ejercicios propuestos.

El instructor recita la meditación:

«Sintamos calor en el centro del pecho...

»Ahí hay un pequeño trocito de sol...

»Palpita, crece, llena todo el pecho con su calor...

»Sus rayos quieren difundirse al exterior...

»Los enviamos hacia adelante a todo el mundo, extendiéndolos como brazos en señal de amistad...

»Junto con los rayos, enviamos deseos a todo el mundo:

»¡Que haya amistad!

»¡Que haya luz!

»¡Que haya alegría en el mundo entero!

»Ahora enviemos los rayos de nuestra amistad hacia atrás, fuera del gimnasio, a todas las personas conocidas y desconocidas, a todos los animales, a todas las plantas...».

Luego hacemos *el Deseo* hacia la derecha, hacia la izquierda, luego hacia arriba y hacia abajo.

También se pueden usar otras fórmulas, por ejemplo:

«¡Que todos los seres tengan paz!

---

[5] Hacer la *meditación introductoria* con los estudiantes sentados en un círculo es admisible sólo en el caso de los niños pequeños —así reviste la forma de un juego.

En los demás casos, todos, incluyendo el instructor, deben sentarse en la misma dirección. Esto es importante para crear un campo de meditación común para todo el grupo (nota de V.Antonov).

»¡Que todos los seres tengan tranquilidad!
»¡Que todos los seres tengan éxtasis!»

La parte principal de la clase incluye un calentamiento, ejercicios de autorregulación psíquica, incluyendo ejercicios psicofísicos, danza espontánea en forma de juego, juegos-meditaciones, ejercicios físicos y relajación.

Los ejercicios psicofísicos son una combinación de movimientos físicos con la autosugestión. Dado que estos ejercicios pueden ser difíciles de hacer para los niños, les entrenamos empezando con ejercicios lúdicos de preparación durante el calentamiento. Les sugerimos que centren la atención en los músculos y las articulaciones que estén funcionando y que visualicen flujos de luz del sol, o el agua pura de lluvia «fluyendo» a través de ellos. Luego los niños se identifican con imágenes de una flor de diente de león, un árbol joven, una brizna de hierba, etc.

A continuación ofrecemos una descripción de ejercicios psicofísicos básicos en una forma adecuada para los niños. Estos ejercicios se realizan estando de pie.

Regalar es un ejercicio que nos entona con el deseo de compartir con los demás todo lo mejor que hay en nosotros. En la posición inicial, los brazos están doblados, con los codos al nivel del pecho y las manos en los pectorales. Entonces movemos las manos en un gesto amplio hacia adelante y hacia los lados. «Todo lo que hemos recibido, tenemos que darlo a los demás... Damos generosamente, gratis, todo lo bueno que hemos acumulado, sin deseos de recibir recompensa ninguna...» Repetir este ejercicio varias veces.

El ejercicio *Reconciliación* se ejecuta haciendo una serie de movimientos hacia abajo, en forma de ondas suaves, usando una de las manos. Este gesto simboliza la paz, la armonía, la tranquilidad en nosotros y en el espacio circundante. Incluso la mera visualización de uno mismo haciendo este ejercicio, si se hace de manera sentida, puede tener un efecto estabilizador.

Como preparación para el ejercicio *Despertarse*, hay que relajar el cuerpo e inclinar ligeramente la cabeza hacia atrás. Nos sumergimos en la pureza y frescura de la mañana, la cual nos llena de vigor, energía y salud. ¡Sentimos alegría! ¡Sentimos nuestra unidad con el mundo entero! Elevamos las manos y nos estiramos, tal como hacemos después de dormir, y despertamos para ver la belleza y armonía del mundo... Dejamos entrar en nosotros el flujo de la frescura de la mañana que viene de arriba (las manos se mueven abajo hacia los hombros como ayudando a este flujo a entrar en nuestros cuerpos)... Nos lavamos con la luz solar, la vertemos en cada célula del cuerpo... Nos convertimos en una brizna de hierba, en un brote verde... Fluye la brisa de la mañana... El cuerpo entero se mece, baila como una hebra de hierba bajo los rayos del sol matinal... El ejercicio se convierte en un juego-danza espontáneo.

La danza espontánea se hace en el estado de relajación total del cuerpo. Sus movimientos no son planeados, ni vienen de la mente. El cuerpo debe entrar en armonía con el espacio circundante; baila por sí mismo, lleno de felicidad... Nos ponemos de puntillas, alzamos las manos, la cara, sentimos el flujo de dorada luz solar... Las corrientes solares recorren nuestros cuerpos... Forman un mar solar, y nos disolvemos en él... Cuerpos transparentes, como algas marinas bailamos en el mar solar...

Puede haber diferentes variantes de la danza espontánea; por ejemplo, una danza de balones de aire multicolores en el cielo azul, o una bandada de blancos pájaros libres entre los rayos del sol del alba.

La danza ayuda a cambiar el estado físico y psicológico de los participantes, elimina la desconfianza, nos llena de felicidad y alegría.

A veces puede ir acompañada por la música. Es bueno utilizar melodías tranquilas y suaves de tipo oriental, para sintonizarse con movimientos suaves, fluidos.

Todos los ejercicios recién descritos usan uno de los primeros métodos de autorregulación psíquica: el trabajo con imágenes (visualización). Desde los primeros minutos de la clase (a partir del ejercicio *el Deseo*) los niños se zambullen en el mundo de la imaginación. Se hacen partícipes del proceso creativo que se desarrolla con la ayuda del instructor y el esfuerzo común de todos los participantes. Al paso que crecen las habilidades de los niños, el instructor puede incluir juegos-meditaciones, un método ampliamente utilizado en la terapia-estética para adultos. En nuestro caso se modifica conforme a la edad de los niños.

Los juegos-meditaciones implican el desarrollo de un tema estético concreto a través de la visualización. El instructor sugiere un tema, asigna los roles a los participantes y luego «dibuja» en sus pantallas imaginativas las evoluciones de unos y otros sujetos usando vívidas imágenes estéticas. Los estudiantes deben «entrar en las imágenes», identificarse con ellas, sentir el desarrollo de una relación armoniosa con los demás participantes y expresar estas relaciones a través de los movimientos. En este caso, la suavidad y la armonía de los movimientos manifiestan los estados emocionales que se producen en el proceso de la experiencia meditativa.

Se usaron las siguientes versiones del juego-meditaciones:

Viaje al fondo del océano: nos movemos en cálidas aguas transparentes entre algas que se mecen suavemente, piedras multicolores, peces que juegan y manchas de luz solar.

La vida de las flores: todos los participantes se identifican con sus flores favoritas. Es temprano en la mañana... Los primeros rayos del sol despiertan a la flor.

Ella endereza los pétalos, decorados con gotas de rocío, y sonríe al sol. La flor feliz da su dulce néctar a una abeja que se posa en ella, a una oruga peluda y a sus otros amigos.

Vuelo de pájaros en las nubes: nubes de color blanco y rosa en el cielo azul, ingrávidos pájaros blancos, suaves rayos del sol... En este juego experimentamos la interacción de todos estos elementos.

Las estaciones del año: todos los participantes se identifican con un árbol del bosque, con una gota de lluvia, con un pájaro silvestre, y viven sus vidas en diferentes estaciones del año.

Uno puede complementar este tipo de juegos con música. Puede ser, por ejemplo, la antigua música taoísta de China, o música de hoy tocada en sintetizadores que reproduzca los sonidos y las imágenes de la naturaleza.

El éxito de este trabajo lo garantiza la capacidad del instructor para hacer que los estudiantes experimenten las imágenes apropiadas con la mayor vividez. El instructor debe ser capaz no sólo de encontrar palabras expresivas adecuadas, sino también de acercar a los estudiantes la experiencia contenida en esas palabras.

Los ejercicios físicos son un componente necesario de cada clase. La salud del cuerpo es esencial para una visión alegre del mundo. Por lo tanto, una de las tareas del trabajo con los niños es enseñarles la forma de vida saludable. En particular, durante la clase los niños han de sentir la alegría que les aporta el movimiento activo.

Las series de ejercicios físicos, dominados por los alumnos en la clase, también tienen que ser usadas en casa.

Los ejercicios físicos de movimiento van dirigidos al desarrollo de la elasticidad de la columna vertebral y las articulaciones, a la formación de los grupos de músculos que aseguran el porte correcto.

Una serie de ejercicios estáticos (asanas) de hatha yoga se complementa con la explicación de su efecto en el organismo y en su estado psíquico [6,9,21].

También enseñamos los métodos de la gimnasia respiratoria [21], pranayamas sencillos [9], y ciertos ejercicios de gimnasia china *tai chi*.

Otro elemento de esta parte de las clases son juegos de movimiento y correr al aire libre. Damos a los niños las herramientas del trote meditativo, entre otros [9]. El uso del trote meditativo nos permite transformar la marcha monótona ordinaria en un juego agradable que enriquece la esfera emocional.

Asimismo, los participantes se familiarizan con los conceptos básicos de la temperancia [9,29,42], incluyendo caminar descalzo en cualquier estación del año. Los niños más preparados practican (junto con los padres) el baño en aguas abiertas durante todo el año.

Tengamos en cuenta que los métodos para atemperar el cuerpo no sólo desarrollan hábitos saludables, sino también entrenan la propia fuerza de voluntad. La fuerza de voluntad es necesaria para la formación de la personalidad del niño en la adolescencia.

Para la práctica de la relajación usamos el ejercicio *Reposo*. Consiste en la relajación secuencial de todos los músculos, a partir de los dedos de los pies hasta la cabeza, tumbados de espalda con los ojos cerrados. El estado de relajación se prolonga durante varios minutos. Este ejercicio se puede hacer con música de fondo. Usamos la música de laúd de compositores antiguos, música de G.Gurdjieff y antigua música coral rusa. El instructor puede sugerir imágenes durante la relajación, por ejemplo, describir las olas cálidas del mar, la arena en la playa calentada por el sol, una nube suave que envuelve el cuerpo, y así sucesivamente.

Además del ejercicio *Reposo*, los estudiantes aprenden en nuestras clases otras técnicas de relajación, como la postura del cocodrilo, la postura de la media tortuga [9] y otras.

Durante la relajación se pueden atenuar las luces brillantes del gimnasio.

La parte final de la clase incluye conversaciones, juegos y otras actividades que siguen entrenando el gusto estético de los niños, desarrollan las manifestaciones creativas y dan forma al pensamiento ecológico. Es importante hablar a los estudiantes acerca de la potencialidad del organismo humano, lograr que se interesen en el problema de la autorrealización.

El problema de la actitud hacia la naturaleza se explica con el uso de diapositivas, reproducción de pinturas y música. Uno puede dar, por ejemplo, la siguiente serie de diapositivas: La vida del agua, En las montañas, La primavera en la naturaleza, y así sucesivamente. Se pueden usar las reproducciones de pinturas de N.Roerich, G.Kurnin, B.Smirnoff-Rusetsky. El tema de la naturaleza en la música está bien representado en las obras de Paul Winter (Jazz ecológico) y otros. Los niños pueden escuchar música durante el pase de diapositivas o en cualquier momento con una luz débil en la sala (la luz de una vela).

Uno puede despertar las fuerzas creativas de los niños con la ayuda de las lecciones de pintura. En este caso, se les puede invitar a expresar en imágenes aquellos estados que más les han gustado durante la clase. Pueden representar la felicidad: flores levantando sus cabezas al sol y disfrutando de sus acariciantes rayos; el cosmos: planetas donde sólo existen amistades y nunca hay guerras; lluvia de oro: grandes margaritas blancas bajo la lluvia de oro de los rayos del sol.

A veces organizamos veladas de fábulas y poesía: a la luz de tan sólo una lámpara de mesa leemos cuentos de hadas y poesía rusa, oriental y de otras fuentes. Los niños pueden reflexionar sobre las fábulas de L.Tolstoy

[43], la leyenda de Rama y Sita, la leyenda de Sur Das Sur Sagar, etc. Un buen cuento de hadas es una lección de psicología expresada en un lenguaje comprensible para los niños. Un cuento de hadas le permite a uno despertar las buenas cualidades en los niños y les hace reflexionar sobre cuestiones éticas [30,40].

Además de fábulas y poesías leemos historias sobre la valentía y el honor que se encuentran en libros, periódicos, revistas, con el propósito de formar ideales éticos.

La parte final de la clase puede incluir juegos. Los psicólogos señalan que los juegos son uno de los medios más importantes de la educación y que sin juegos, sin imaginación, el «flujo de creatividad» del niño se detiene. Por lo tanto, los juegos son esenciales para la estimulación de la iniciativa creativa y para la formación de la individualidad psicológica de cada participante de la clase. Por otra parte, los juegos contribuyen a establecer buenos contactos y la confianza entre los niños y los adultos.

Éstos son algunos de los juegos que utilizamos:

Espejo: un niño sigue a otro y repite todos los movimientos del cuerpo y expresiones faciales de la pareja.

Tele-ojo: un ojo imaginario se mueve dentro del cuerpo y examina sus diferentes áreas.

Flautas: percibimos el cuerpo como una flauta hueca y cantamos las vocales, o sílabas cortas, que suenan como si surgieran de sus diferentes partes. Al hacerlas sonar movemos la concentración de la conciencia a esas partes una tras otra: al centro del pecho, al centro del abdomen, al cuello, a la cabeza.

Se rueda una película: los participantes hacen «escenas» sobre un determinado tema. La tarea es hacer visibles esas "escenas" para los demás.

Tengamos en cuenta que en esta parte, así como en la clase en su conjunto, los principales criterios para la selección del material son la bondad y la belleza. Al llenar «la taza del alma» del niño con estas cualidades, le protegemos a él o ella de muchos errores, tristezas y enfermedades.

Comida conjunta: un «ritual», que concluye la clase, es a la vez obligatorio y el favorito de todos. Todos los participantes se sientan alrededor de una mesa común, donde ponemos la comida que cada uno trajo. (Permítanme enfatizar que recomendamos a los estudiantes mantener la dieta ovo-lacto-vegetariana «sin matanza»). Todo el mundo se calma y queda en silencio. El instructor dice las palabras de la meditación-sintonización:

«Sintamos un sol en el pecho…

»Enviemos desde el pecho nuestros rayos de gratitud hacia los alimentos…

»Los alimentos nos da la vida, la fuerza, la capacidad de ayudar a los demás…

»Enviemos nuestros rayos de gratitud a quienes han cultivado y han cocinado esta comida para nosotros…

»Enviemos nuestro saludo de alegría a todo lo que vive a nuestro alrededor…

»¡Que haya amistad! ¡Que haya luz! ¡Que haya alegría en el mundo entero!

»¡Buen provecho a todos!»

Todos empiezan a comer, sin olvidar compartir todo de buen grado con los demás.

Durante la comida, podemos hablar sobre las recetas o hablar simplemente de algo interesante.

* * *

Además de las clases en el gimnasio, organizamos excursiones los fines de semana fuera de la ciudad. Por ejemplo, el grupo puede ir a un lago en el bosque, donde todos puedan nadar y sentarse alrededor de una fogata. Los niños regresan de esos viajes llenos de impresiones y fuerza. Estos viajes no son sólo para el entretenimiento y el ocio: los niños llegan a conocer la naturaleza y aprender a convivir con ella. Por ejemplo, aprenden ciertos «tabúes»: no tenemos derecho a hacer daño a la naturaleza en todas sus manifestaciones, ya sea una hoja, una brizna de hierba, un insecto.

¡La naturaleza es nuestra gran casa maravillosa! La comunicación con ella ¡puede ser una gran alegría para nosotros!

* * *

Uno puede juzgar la eficacia de la metodología presentada por las conversaciones con los padres, los cuestionarios e incluso por la observación de los cambios que ocurren en los niños.

Aquí hay una lista de cambios detectados en los niños después de 7 meses de clases:

Después de cada clase sienten un aumento de vigor, de vitalidad. Su condición física y salud mejoraron.

Los métodos de este trabajo aceleran el desenvolvimiento de las capacidades de los niños. Muestran interés por la pintura, el entrenamiento físico; algunos empiezan a escribir poesía, lo cual antes no podían hacer. Les gusta escuchar música, buscan lecciones más avanzadas en música y danza. Tienen un enfoque más consciente hacia la literatura y hacia otros tipos de información entrantes. Su necesidad de autoexpresión creativa se desarrolla; su gusto estético se eleva; sus horizontes se amplían. Con todo, el efecto principal es la bondad creciente en ellos.

Estos resultados son más evidentes en niños cuyos padres o bien participaron en las clases, o asistieron a grupos en los que dominaron el sistema de autorregulación psíquica [9]. En este caso los niños y los adultos están unidos no sólo por intereses comunes, sino también por una percepción similar del mundo y por el mismo enfoque para resolver los problemas de la vida.

En conclusión, tiene sentido citar brevemente las cualidades que han de estar presentes en aquel que quiera dirigir este tipo de clases.

Obviamente podremos enseñar a los demás sólo aquello que nosotros mismos podamos hacer. Por esto es importante que el instructor haga el curso completo (para adultos) del sistema de autorregulación psíquica, del que se derivan las ideas y principios básicos de esta metodología. Los conocimientos y habilidades adquiridos en este curso nos ayudan a establecer un buen contacto emocional con los estudiantes, sin conductas autoritarias y dictaduras. Las relaciones basadas en la colaboración y el trabajo creativo común se vuelven naturales para ellos. El espectro de posibilidades del instructor se enriquece con diversas y sutiles «herramientas» para influir en la esfera emocional-volitiva del niño. La búsqueda por parte del instructor de caminos «para vivir según el corazón» (es decir, por el amor, la bondad) conduce a una comprensión más empática de las almas de los niños y a la capacidad de encontrar el principio óptimo de interacción con ellos en cada situación específica.

Desde nuestra experiencia podemos recomendar esta metodología para su uso en el trabajo facultativo en las escuelas y en otras instituciones infantiles.

Medios estéticos de autorregulación psíquica para niños
E.I.Dubinskaya

Una de las tareas de las clases para niños basadas en el sistema de autorregulación psíquica desarrollado por la Escuela del Dr. Antonov es ayudar a los niños a percibir el mundo como algo hermoso, multiforme, milagroso, y amable.

En esta época nuestra en que las relaciones entre personas están llenas de tensiones y dificultades es muy importante enseñar a los niños a vivir en un estado de calma y alegría, para que estén seguros de sí mismos y sepan qué hacer en diferentes situaciones.

Los medios estéticos basados en la actividad creadora artística (cuentos de hadas, poesía, canto, música, mimo, danza, juegos, pintura) pueden ser muy útiles en el trabajo con niños. Contienen simbolismos, vivacidad y elementos creativos, y permite que los niños aprendan más sobre sí mismos, o sea, les brinda la posibilidad de saber sobre sus propios estados internos, emociones y valores; de conocer las relaciones que existen en la sociedad; de hacerse más cercanos a la naturaleza.

Nuestra experiencia de trabajo con niños menores de 10 años demostró que las clases resultan de lo más exitosas si se llevan a cabo en forma de un cuento de hadas que incluya elementos de meditación y *ejercicios psicofísicos*. Los niños asumen fácilmente las imágenes de los héroes de los cuentos y siguen las órdenes del instructor de buena gana. Además de eso, una fábula puede convertirse en una poderosa lección emocional y ética para ellos.

Por ejemplo, al narrar el cuento *El padre Frost*, donde una chica trabaja para el padre Frost (amasa pasta, esponja su colchón de plumas, pica leña, lava su ropa), el instructor puede sugerir que los niños demuestren cómo hizo esos trabajos, y esto se convierte en gimnasia para sus articulaciones. Si en este quehacer se incluye el trabajo con la *luz* (masa dorada bajo las manos, colchón de plumas lleno de copos de nieve plateados que cubren las manos cual polvo brillante, penetran por ellas, se funden y fluyen como corrientes de agua pura), entonces esto limpia los canales de energía de las manos.

También se puede contar la historia de cómo una cría de elefante despejó el camino de un arroyo bloqueado con piedras y regó flores y árboles que sufrían de sequía. Esto se puede utilizar para llevar a cabo pranayamas para los meridianos de los brazos. En este ejercicio, los brazos (uno tras otro) juegan el papel de la trompa del elefante, etc.

Otro elemento interesante en el trabajo con niños son los versos. Por ejemplo, se pueden usar versos para la *meditación introductoria*:[6]

> Organicemos hoy un amanecer mágico:
> vamos cuesta arriba, hasta el cielo,
> y tomamos una brazada de rayos brillantes.
> Añadamos a estos rayos amarillos
> un haz de ramas verdes,
> un trozo de cielo, el sonido de un arroyo,
> y pequeñas aves de varios colores.
> Agreguemos un poco de viento cálido,
> la fragancia de las flores,
> el sonido de la hierba
> y un poco de agua azul.
> ¡Mezclemos todo junto!
> Cerremos nuestros ojos
> y podemos convertirlo en el amanecer mágico.
> Sólo hemos de desear a todo el mundo alrededor:
> ¡Que todos tengan paz, felicidad y calma!
> ¡Que todos sean amados, hermosos y amables!

Los niños que hablan un buen y rico lenguaje pueden: pensar mejor, describir con acierto sus estados psíquicos, entenderse mejor a sí mismos y a otras personas, y comprender su propia experiencia así como la de los demás; sus emociones están más diferenciadas.

---

[6] Todos los versos de este libro se presentan en una traducción literal del ruso, sin rima.

Para entrenar esta habilidad en los niños se les puede sugerir que creen historias, cuentos de hadas. El instructor empieza a hablar sobre un determinado tema y pide a los niños que continúen la historia.

Otra variante de este ejercicio es volver a contar la historia desde el final al principio.

Contar una historia en imágenes, sobre muñecas que salen de una «bolsa mágica», el humor, hacer un juego junto con la narración; todo esto aumenta en los niños la alegría de hacer estos ejercicios.

Es muy importante enseñarles a cambiar con fluidez sus estados emocionales, a ser conscientes de ellos, a corregir esos estados y utilizarlos con toda deliberación.

La interacción directa del instructor con cada niño ayuda a realizar mejor cada tarea en particular. Por ejemplo, al practicar la relajación el instructor puede levantar el cuerpo de un niño y llamar la atención de los demás sobre cómo los brazos relajados y las piernas cuelgan y giran libremente, cómo el cuerpo se dobla y la cabeza cuelga. He aquí un ejercicio adicional para relajación y para establecer contacto entre el niño y el instructor: el niño está de pie, de espaldas al instructor y, en estado de relajación, cae hacia atrás a las manos del instructor.

Para eliminar la tensión o excitación excesiva en los niños se puede usar la relajación en el contexto del movimiento. Los niños imaginan que son jóvenes manzanos flexibles cargados de frutas. Las manzanas empiezan a madurar, caen y dan en el suelo. Las hojas amarillas caen junto con las manzanas. Vemos cómo bailan en el aire, giran lentamente, caen... Junto con las hojas, nuestras angustias, tristezas y ofensas se desprenden. Nuevas hojas —jóvenes y tiernas— comienzan a crecer en las ramas.

Hay otra meditación similar, que incluye trabajo con la voz: somos aviones en la salida. Ante nosotros hay un camino difícil y largo; nos espera un cielo azul puro.

Sentimos alegría y emoción. En el interior del tórax de cada uno, como estando en la cabina del avión, hay un piloto listo para guiar el avión. El cuerpo del avión hace todo lo que manda ese piloto. Ahora este aprieta un botón. El avión se estremece, sacude la nieve de sus alas. Nos despojamos de la somnolencia, la pereza, la irresolución. Los motores comienzan a trabajar. Un poderoso retumbo proviene del centro del fuego, desde el vientre. El avión retiembla; vibra con el estruendo, oscila arriba y abajo. El estrépito aumenta. El avión acelera y despega. Y entonces ya sólo existe el cielo puro alrededor y el sol de la mañana que vuelve dorado al avión; motas plateadas de luz solar danzan sobre todo el fuselaje.

Las clases pueden incluir mimo, cuando los niños hacen una obra de teatro para aprender posturas, andares, movimientos expresivos, gestos, expresiones faciales. Los ejercicios de mimo ayudan a los niños a superar barreras en la comunicación con otras personas, a conocer mejor el cuerpo, a comprender mejor a otros, y les da oportunidades de autoexpresión. Al representar cortas obras de teatro silenciosas como la *Fiesta de cumpleaños*, *Petición de ayuda*, *El pez dorado en el acuario*, *Habitantes del cielo: planetas, estrellas y galaxias*, los niños sienten la benévola y amorosa atmósfera de todo el grupo y su propio lugar en él; expresan sus individualidades. Los mimos *Sombra*, *Tienda de espejos*, *El chico viceversa*, *Lapso de tiempo*, mejoran la coordinación motora, enseñan a prever los movimientos de los demás. En las parodias *Muchacho curioso*, *Primera nieve*, *Encuentro con un amigo* y *Visita a un paciente*, los niños aprenden a imitar diferentes estados emocionales. El énfasis se pone en las emociones de amor: la ternura, la simpatía, la compasión, la empatía.

Los niños desarrollan la capacidad de sentir los estados de otras personas, de los animales y de la naturaleza. Una charla sobre los principios éticos, sobre la conciencia, puede aumentar el efecto de los ejercicios.

En las etapas iniciales del trabajo del grupo, uno utiliza juegos que permiten a los niños familiarizarse unos con otros, les ayudan a unirse en una gran familia y crear una atmósfera amistosa.

Por ejemplo, puede ser el juego *¿De quién es la voz?*, que se realiza de la siguiente manera: cuando la relajación en la postura de la media tortuga termina, el instructor toca uno de los niños, y él o ella dice: «Soy yo». Los demás tienen que adivinar de quién es esa voz.

Juego *Quién ha desaparecido*: Uno de los jugadores se gira, y otros se ocultan. Al darse la vuelta, el primer jugador ha de decir quiénes se han escondido y en qué han cambiado las posturas de los demás.

Juego *Bambolear sobre las olas:* Un niño descansa en una alfombra con los ojos cerrados y los demás, formando un círculo, levantan la alfombra con el niño y le mueven suavemente. (Esto desarrolla la confianza mutua y la actitud cuidadosa, y elimina el sentimiento de soledad). En nuestras clases, los niños empezaron a crear cuentos para todos al hacer este ejercicio. Movieron a un niño como la cálida brisa mece a un pequeño polluelo en una rama; a otro niño le sacudieron como el viento mece a una arañita en una telaraña volante; a un tercero, como las olas mecen suavemente a un lirio de agua.

Los niños también pueden jugar así: la mitad de ellos se convierte en las olas y la otra mitad, en la orilla. Las «olas» llegan a la «orilla», la abrazan tiernamente, y se retiran. Y otra vez, con nueva fuerza, trayendo más amor, las «olas» llegan a la «orilla». Luego los jugadores cambian sus roles.

En los juegos se debe poner el énfasis en una actitud cuidadosa hacia los demás, la ayuda y la asistencia mutua. Esto se puede complementar con las charlas sobre la bondad, la justicia, la honestidad, no ofenderse en el juego, como tampoco en la vida. La tarea del instructor es revelar y hacer hincapié en las habilidades de cada niño y, sin llamar la atención del resto del grupo, ayudar a cada niño a hacer lo que él o ella no pueda hacer bien.

Se puede realizar el siguiente juego-meditación. Un niño está en el centro del círculo formado por los demás. Por todas partes alrededor tiene el mar de nuestro amor. Con nuestras manos, creamos olas y las enviamos al centro. ¡Dejemos que las olas de nuestro tierno amor eleven muy alto al que está en el centro!

El siguiente juego-meditación se volvió uno de los preferidos por los niños: *Adivina quién soy*. Aquí el jugador principal retrata a un pájaro o animal y los demás tratan de adivinar cuál es.

Hacer el papel de zorrillos, osos, gorriones, gotas de lluvia y hojas que caen en otoño trae mucho conocimiento interesante y novedoso acerca del mundo. Se convierte en un medio para descubrir algo nuevo sobre un objeto o fenómeno.

Por ejemplo, identificándose con las gotas de agua en una nube a punto de llover y empapar la tierra de humedad, los niños en nuestras clases podían sentir la forma de una gota y cómo se siente atraída por la tierra. Observando distintos estados del agua llegaron a la conclusión de que nada se esfuma del todo, sino sólo cambia su forma.

Antes de los juegos dinámicos, por ejemplo, *Gorriones saltando*, a los niños se les dio una breve meditación que les sintonizó con la temporada anual de primavera. Para retratar a un gorrión hubo que rememorar un día soleado de primavera, el cielo azul puro, el olor de la frescura. Escuchamos el sonido de alegres arroyos. Los gorriones aletean juguetones entre las ramas de los árboles. Su sencilla canción «chiv-chiv», «zhiv-zhiv» celebra el despertar de la naturaleza, ya llega la primavera. Un gorrión salta confiado al borde de un charco. Ahueca sus plumas y empieza a bañarse en el agua calentada por el sol. Limpia su plumaje, extiende sus alas, chapotea en el agua, luego peina sus plumas con el pico y se sacude. Gotas de agua salen volando por todos lados; en ellas se reflejan un millar de diminutos soles de primavera.

En nuestras clases a menudo usamos juegos para el desarrollo de la atención, la inteligencia, la memoria y la coordinación motora.

Para desarrollar la espontaneidad creativa usamos juegos de rol. El instructor sugiere un cierto tema a los niños y ellos se convierten en los autores, directores y actores de la representación. Esto les da la oportunidad de darse cuenta de su responsabilidad por su conducta, emociones y pensamientos.

La música puede desempeñar un papel significativo en los juegos y en cualquier otra sección de la clase. Componer retratos musicales de personas y objetos, que expresen las propias impresiones a través de la música y el canto es uno de los juegos más cautivadores.

La música está estrechamente relacionada con la danza, que es también un medio de autoexpresión.

Valiéndose de meditaciones-danzas, los niños pueden representar las estaciones, los elementos de la naturaleza y otras varias imágenes.

Danzas y música establecen equilibrio entre el mundo interior del niño y el mundo exterior, armonizan el estado interno de acuerdo con el externo o viceversa, y permiten que la belleza interior se manifieste en la forma externa.

Bailes, juegos de rol y parodias de mimo se pueden combinar bien con la pintura retratista. El contenido de las imágenes suele convertirse en el tema de una obra de teatro realizada por los niños.

Para hacer que cooperen entre sí y se vuelvan emocionalmente más cercanos unos a otros, es bueno hacer que realicen algún trabajo juntos: dibujar una imagen común en una hoja grande de papel, o hacer juntos la «creación de mundo en arcilla», o que cada niño comience a pintar algo importante para él o ella y luego pase la obra inacabada a su vecino de la izquierda y, al recibir la obra del vecino de la derecha, pinta algo en ella y sigue así sucesivamente.

Se puede tomar cualquier tema para la pintura: pintar una danza, pintar la música, pintar con ayuda de plantillas, pintar figuras convencionales, o incluso manchas. La pintura calma a los niños, elimina tensiones y desarrolla la creatividad.

A los niños les encanta trabajar con plastilina. En las clases, no sólo modelamos objetos específicos, sino que tratamos de expresar nuestros propios estados mediante la forma, el estado de ánimo o la naturaleza del objeto. Por ejemplo, se puede modelar un árbol fuerte, poderoso o uno grácil, elegante, y luego combinar esas cualidades en un mismo árbol, etc.

* * *

Demos algunos ejemplos de ejercicios psicofísicos adaptados para niños de menos de 10 años:

En otoño cayeron a tierra las bellotas de un viejo roble ramoso. Durmieron todo el invierno, cubiertas por hojas caídas y la suave y esponjosa manta de la nieve. Luego el sol de primavera derritió la capa de nieve. El agua del deshielo empapó las bellotas. (Los niños-bellota duermen profundamente yaciendo en la postura de la media tortuga. Entonces, con movimientos y expresiones faciales muestran cómo las bellotas se hacen más grandes). Las bellotas se hincharon; sus cáscaras se rompieron y surgieron brotes tiernos que empezaron a crecer hacia el sol. El brote sube hacia la luz, crece más y más hacia su meta. Nos ayudamos con las manos, con movimientos del cuerpo. Nos falta un poco para llegar a la superficie. Hacemos un esfuerzo más, nos empujamos a nosotros mismos y llegamos al espacio abierto. Sentimos que aquí todo es diferente. Inhalamos aire fresco. Seguimos haciendo movimientos... que nos ayudan a crecer. Nos sentimos atraídos por el sol. Descubrimos por nosotros mismos un nuevo mundo. Hemos estado durmiendo y no sabíamos qué maravilloso es el mundo que nos rodea; no veíamos su belleza. Sólo sabíamos de nuestra casita-bellota. Pero muy poderosas fuerzas estaban ocultas, encantadas en ella. ¡El agua del deshielo, la luz del sol, y el aire de la primavera nos liberaron de ese encantamiento! ¡Fuimos liberados para la nueva vida, interesante, consciente! ¡Tenemos que ser capaces de lograr mucho! ¡Crezcamos, esforcémonos hacia la luz!

... Todos los niños conocen las palabras: «¡Paz, paz, paz, y no más peleas!»[7]. ¿Te ha pasado alguna vez reconciliarte con otras personas con ayuda de esas palabras? ¿Qué opinas?: ¿son acertadas todas las palabras de esa expresión? ¿Te sonaría mejor si terminara así: «¡En vez de pelear, sonriamos!»? A menudo sucede que el sentimiento de ofensa se ha ido y podríamos reconciliarnos y jugar juntos, pero es difícil dar el primer paso. En esos momentos podemos encontrar útil el siguiente ejercicio. Pongámonos de pie erguidos, relajando el cuerpo y alcemos una mano. Sintamos la palma de la mano como si su centro estuviera siendo calentado por el sol. La luz del sol fluye a través del brazo hasta el pecho. Ahora sintamos este calor soleado en el pecho. Entonces empezamos a lavar el espacio que nos rodea con esta luz que mana del brazo-surtidor. Con la mano trazamos líneas fluidas. Nos dirigimos a diferentes lados. Trazamos líneas cerca del cuerpo y a través de él. Sentimos cómo ha cambiado nuestro estado. Ahora estamos tranquilos, amo-

---

[7] Una expresión en el idioma ruso, utilizada por los niños para conciliarse entre sí.

rosos, indulgentes y magnánimos. Si alguien no se portó como yo quería, ¿quizá es su respuesta a mis obras? Yo perdono esas respuestas. Tengo que ser más sabio. Voy a portarme con los demás como quiero que se porten conmigo. Me sentiré el único responsable de mis propias acciones. Voy a actuar de la mejor manera y, al hacerlo, voy a ser feliz. De hecho ¡sólo las personas generosas pueden ser felices, los que dan su amor y sonrisas al mundo!

… Una gallina-madre se sienta sobre los huevos y calienta a sus hijos. Imaginemos que somos esos polluelos dentro de los huevos. Nos sentimos bien dentro de la casa-huevo. Toquemos la pared de la casa-huevo con los codos, piernas, cabeza. Movámonos un poco, girando en el interior del huevo. Ahora sentimos que hemos acumulado suficiente fuerza y tenemos el deseo de saber qué produce ese ruido exterior y de dónde viene este flujo de calor y amor. ¿Es hora de salir del cascarón? Pongamos los pies y manos contra las paredes del huevo y empujemos. Una primera pequeña grieta aparece en la cáscara. Un rayo de clara luz entra en la casa como por una ventana. Agrandamos esta ventana. Expulsamos trozos de la cáscara, que impiden que la luz nos llegue. Asegurémonos de que los eliminamos por todos los lados. Aquí un trozo de cáscara está pegado a la cabeza. Con precisión lo quitamos. Intentemos adentrarnos en este para nosotros insólito mundo de luz. Levantamos las manos… y nubecillas de luz llegan a nuestras manos, y las manos descienden con esta luz. Repetimos esto varias veces. Con cada nuevo trayecto la luz se hace más sutil y tierna. Las olas de amor y felicidad ruedan hacia nosotros desde todos lados; ¡hemos nacido en este mundo maravilloso! Miramos alrededor con asombro. Cada uno ve hermanos y hermanas en torno a sí. Nos acercamos unos a otros. Miremos a los demás como si fuera la primera vez. ¡Qué felices somos, qué alegres, traviesillos y divertidos! ¡Nos queremos abrazar unos a otros! En el pecho sentimos un cálido sol amarillo. Enviemos dulces rayos desde el corazón unos a otros. ¡Dejemos que estos rayos nos abracen igual que lo hacemos nosotros!

... Imaginémonos de pie en el centro de la arena de un circo colmada de brillante luz. El primer número es el de los malabaristas. Con movimientos rápidos y hábiles lanzamos imaginarias bolas de plata. Nuestra atención se centra en los movimientos de las manos.

... Ahora hacemos girar un bastón luminoso. Cada uno de nuestros dedos trabaja; el cuerpo se está llenando por dentro de calidez y luz.

... Estando acostados levantamos los pies a lo alto y con ellos hacemos girar un gran tambor de luz dorada. Movemos los pies con rapidez. Sentimos un agradable calor, y la luz blanca aparece en los pies y articulaciones de los tobillos, como si diminutas bombillas se encendieran en ellos. La rotación se vuelve más rápida; la luz se hace más brillante. ¡Ahora ambas piernas, hasta las rodillas, están llenas de luz! Con ellas impulsamos el tambor hacia lo alto y luego lo recibimos con los pies. Notamos nuestras piernas elásticas; en nuestras rodillas aparecen blancos manantiales de luz. Nos levantamos y empezamos a saltar. Los muelles no nos dejan parar; se comprimen y se expanden. Las piernas se calientan más; ¡se ponen al rojo vivo y brillan más! ¡Saltamos más y más alto, igual que en un trampolín! Nos dirigimos a diferentes lados con cada salto.

... Y ahora vamos a ejecutar un baile con una cinta de oro que destella bajo los rayos de la luz. Movemos la cinta haciendo ochos. Giramos, hacemos bucles. Las cintas son largas; se enroscan alrededor de nuestros cuerpos. Llegamos a estar envueltos en capullos dorados.

... Y, finalmente, un entrenador de animales sale al ruedo con sus alegres perros. Somos estos perros. ¡Y bailan un vals sobre sus patas traseras, reciben dulces, y en círculo danzan ladrando con alegría!

... El último número del show son los caballos veloces. Alzando sus rodillas, los caballos saltan en torno a la arena. El entrenador da una palmada y ellos se paran en seco. Otra palmada y vuelven a correr lanzando hacia atrás sus patas traseras. Otra palmada más, y corren estirando hacia adelante sus patas delanteras. De nuevo otra palmada y corremos de costado.

Luego descansamos en una asana de relajación.

* * *

Resumiendo los resultados de nuestras clases de medio año, los niños respondieron por escrito a varias preguntas. Ellos creían que habían aprendido:

— a mantener la calma y controlarse a sí mismos;

— a hacer el bien a todos en el mundo;

— a comportarse con honestidad y justicia;

— a creer en la existencia de Dios;

— a descubrir algo nuevo;

— a transformarse;

— a amar a todos.

A la pregunta sobre qué cualidades desean adquirir, escribieron que quieren llegar a ser buenos, tiernos, fuertes, hermosos por fuera y por dentro, quieren desarrollar habilidades poco comunes, viajar a diferentes lugares y en diferentes momentos, comprender a los demás, comprender sus sentimientos para distinguir a las personas buenas y malas, cambiar su propio carácter habiendo dominado el autocontrol.

Quedó claro por las respuestas que todos asistieron a las clases con placer. Especialmente les encantaba pintar, jugar, y hacer obras de teatro. Una niña escribió que a ella le gusta asistir a clases porque aquí todo el mundo es amado por igual. Un tercio de los niños escribió que les gustaba más que nada relajarse y meditar con música.

Es una gran dicha para el instructor ver cómo las almas de los niños crecen y florecen; crecer junto a ellos, y darse cuenta de que cada clase, así como la vida entera, ¡es trabajo creativo!

* * *

Apéndice: Escenario del cuento de hadas *Bosque cantarín*:

Había una vez un bosque verde. No era sólo un bosque verde sino un cantarín bosque verde. Los abedules cantaban las tiernas canciones de los abedules, los robles las antiguas canciones de los robles y los sauces las canciones pensativas de los sauces. Todo alrededor cantaba. El río cantaba; el arroyo del bosque cantaba también; pero los mejores sones eran, sin duda, los de las aves. Los herrerillos cantaban tonadas azules; los rojos zorzales cantaban canciones de colores rojos; y los jilgueros sus cánticos de oro. Escuchemos un momento cómo sonaba aquel bosque (los niños escuchan música: *Viaje dorado a Mibukla*).

¿Sabes cómo se creó tan hermosa melodía? ¿Por qué cada planta y cada ave podía sin duda hallar la tonada que le es propia, y que encajaba perfecta en la gran común orquesta? Pues fue así como ocurrió porque todos en el bosque cada día lo empezaban con sus deseos de amor, bondad y felicidad dirigida a todo el mundo, a todos los seres vivos. Junto a los bellos sonidos y cantos la luz sutil del amor y de la calma se irradió por todas partes de ese mágico lugar. ¡Unámonos a esa luz con nuestros rayos más tiernos que vienen del corazón y enviémoslos hacia adelante, diciendo: «¡Que todos los seres tengan paz! ¡Que todos los seres tengan calma! ¡Que todos los seres tengan éxtasis!».

El bosque, cada mañana, se lava con el rocío, el puro rocío fresco, tan limpio y tan transparente. Los alegres pajarillos, habiendo bebido ya varias gotas de rocío, comenzaban a cantar como el tañer de campanas, plateadas campanillas sobre los abetos verdes. ¡Déjame que te recuerde cómo bebemos rocío! Con toda delicadeza nos bebemos sus gotitas, como invitando al rocío a que nos cubra por dentro. Y en nuestras bocas sentimos su deliciosa tersura, su fragancia delicada, su don sutil y risueño.

Imaginemos: me inclino sobre la grande corola de una flor esplendorosa y, junto con el rocío, su néctar embriagador derrama en mí su fragancia. El polen de sus estambres cae sobre mí como lluvia, lluvia dorada de lo alto que me envuelve cual nube de oro, y penetra en mi interior, y llena mi cuerpo de luz, adorable luz dorada. Observo cómo una ola de dulce oro acariciante pasa a través de mí y empapa todo mi cuerpo de la cabeza a los pies. Ahora ya oscila mi cuerpo; ¡deja que cimbree libre! ¡Deja que acoja esas aguas meciéndose muy suavemente! ¡Deja que sea bañado en ese flujo que es de oro! ¡Deja que tus manos suban, que bailen como las hojas, así como bailan las algas en un mar de luz muy dorada, cálida luz y apacible, luz muy tierna, luz caricia y luz bendita, marea de amante luz.

(Los niños hacen la relajación en la postura de la media tortuga. La narración continúa durante la relajación:)

Los cantos del bosque verde no eran todo el año iguales, y con los meses cambiaban. Incluso cada día nuevo traía sus cantos nuevos, y aún cada hora inspiraba diferente a los cantores trinando sus melodías:

Muy temprano en la mañana,
las canciones de los abedules y de los pinos,
las canciones felices, sonoras, rosadas.
Durante el día, las canciones de oro y de dulzura,
las canciones de la miel y de la resina.
Y por la tarde, las canciones diversas:
de rojo y azul, de amarillo y de lila,

las cancionetas muy placenteras de menta.

Así vivió este bosque cantarín. Todos gozamos sus cantos, el ciervo y el zorro iguales, también la ardilla y la liebre. ¡Todo el mundo disfrutaba y estaba feliz en el bosque!

Y debajo de la tierra el topo cavó pasajes, túneles y laberintos. A él también le gusta mucho escuchar esas canciones. En especial le gustaban los cantos del petirrojo, y temprano en la mañana se abría paso hacia allá, hacia los trinos primeros de su cantor favorito.

Escuchemos los sonidos todo a nuestro alrededor, tal como lo hacen los topos. Por encima de nosotros, una melodía suena, maravillosa canción. Sólo unos pocos sonidos conseguimos percibir... Por encima de nosotros, sintamos ¡qué pura es la luz! Y en el cielo un amoroso gigante, ¡el amantísimo Sol! ¡Cómo no querer estar cerca y más cerca de él, aunque sólo sea un poco! Él da su luz y su amor por igual a todo el mundo, a todos los seres vivos. Y lo cerca que lleguemos de su amante compañía ¡depende de nosotros sólo, depende de nuestros esfuerzos! Es con nuestras propias manos como apartamos a un lado todas las capas oscuras de la tierra; nos empujamos arriba. Cuanto más avancemos, más fácil es moverse... ¡Hagamos un último esfuerzo, lleguemos a la superficie! ¡Nos deleita la canción del querido petirrojo, en la luz y en el calor! ¡Sentimos felicidad, satisfacción a raudales, pues logramos superar los obstáculos que hubo! ¡Somos fuertes! ¡Nos las hemos arreglado para cruzar a través de este difícil camino!

Tras mostrar su gratitud tanto al sol como al cantante, ya continúan los topos su subterráneo trabajo, pero brilla ya en el pecho de cada uno de ellos un muy tierno, amable y claro sol. Es el mismo Sol de lo alto. Por eso van los topos tan contentos y radiantes ¡y por eso nunca olvidan dar los rayos de sus soles a todo aquel caminante que por el mundo se topan!

Nos acercamos a otros y brillamos al instante con los rayos del amor. Sentimos cómo el sol crece... en el pecho, cómo aumenta y ya se vuelve más brillante cada vez con ansias de calentar y de alegrar a otras almas. ¡Desde el pecho nuestras manos y nuestros brazos se abren de par en par a los lados, y derramamos ternura y derramamos bondad!

Autorregulación psíquica en el trabajo de los profesores de escuela

T.V.Korchagina, M.P.Tretyakova, S.A.Shilovskaya, I.N.Rausova,

M.K.Khaschanskaya

El proceso pedagógico en las escuelas no sólo debe enriquecer a los estudiantes con el conocimiento concreto acerca del mundo que les rodea y desarrollar el pensamiento creativo; también debe sentar las bases de la percepción estética y la reacción éticamente correcta.

Así pues es muy importante que los estudiantes reciban durante las clases no sólo la información sobre el tema de la lección, sino también el conocimiento sobre lo que es la espiritualidad, la verdad, el amor, lo que es el conocimiento humanitario.

En el proceso de desarrollo espiritual de uno, es posible recibir la significativa ayuda del sistema de autorregulación psíquica creado por Dr. Antonov y sus asociados.

La experiencia de trabajo con los maestros de la escuela número 520 en San Petersburgo mostró que este sistema puede ser incluido con éxito en el programa educativo de los niños.

Un grupo de profesores, que tomó el primer curso de este sistema, utiliza los elementos de la autorregulación psíquica en sus clases en la escuela. Los resultados mostraron que esto ayuda a llevar a cabo las clases en un nivel superior, que ayuda a encontrar nuevos métodos más eficaces de enseñanza, y contribuye a un enfoque creativo en el sistema de la educación y la enseñanza.

Usando las destrezas adquiridas los profesores pueden sintonizar fácilmente la clase a la emoción necesaria, al trabajo que se precise. Además de eso, se producen cambios radicales en su contacto con los niños, así como con sus colegas y la administración.

Veamos ejemplos:

M.T., profesor de historia: «Mi experiencia de las clases de autorregulación psíquica me convenció de que los estudios en esta dirección son útiles y necesarios para los maestros.

»El que no siente la armonía a su alrededor, ¿qué va a poderles dar a los niños alguien así ¡salvo irritación, ansiedad, nerviosismo?! Por el contrario, los profesores que pueden controlar sus propias emociones, que controlan su propia conducta... atraen a los niños.

»Los estudios sobre la autorregulación psíquica mostraron que casi cada persona que domina la autorregulación psíquica puede armonizar las situaciones alrededor de sí misma. ¡Esto es muy necesario en nuestra vida escolar, que está llena de conflictos y tensiones!

»He aprendido un excelente método de comunicación, la comunicación desde anahata (el chakra del corazón). Entro en la clase, me concentro en mi anahata, envío rayos de armonía en torno a mí, y "milagrosamente" los niños responden: excitados el minuto antes, ¡se calman, y sus ojos son amables y radiantes! Han sentido mi amor; el contacto con ellos se ha establecido, y puedo comenzar a darles conocimiento sin resultarles entrometido.

»Debería destacarse lo siguiente: sólo presentar la información del tema de una lección no es suficiente. Hoy tenemos que enseñar también fundamentos de filosofía en la clase: tener diálogos sobre el sentido de la vida y cómo convertirlo en una realidad, sobre lo que es la bondad, sobre lo que es compasión.»

S.S., profesor de física: «Las clases de autorregulación psíquica tuvieron un gran efecto positivo en mis relaciones con la gente. También cambiaron mi trabajo de enseñanza en la escuela.

»Resultó que incluso conceptos tales como la electricidad y el magnetismo son más fáciles de explicar e impartir a los niños mediante la creación de imágenes mentales de estos fenómenos.

»Una vez llevé a cabo el siguiente experimento. En una clase de sexto grado el tema fue presentado a los estudiantes con la ayuda de la meditación: junto con explicaciones verbales, creé y envié a los niños imágenes mentales. En este caso, incluso los estudiantes flojos pudieron resolver fácilmente los problemas de mayor complejidad. Cuando, tras una serie de tales lecciones en esta clase, el siguiente tema se explicó en la forma habitual (sin sintonía especial), entonces el nivel de actividad creativa resultó notoriamente menor.

»Yo creo que los métodos de autorregulación psíquica le permiten a uno encontrar nuevos recursos más eficaces de impartir y aprender la información.»

I.R., profesor de química: «Antes yo era una persona muy nerviosa, predispuesto a las crisis mentales. El dominio de la autorregulación psíquica me cambió de la más maravillosa de las maneras. Ahora tomo con calma las situaciones de conflicto; Nunca grito a los niños. Al tratar de explicar algo, les influyo desde mi anahata. Los resultados son sobresalientes: ¡puedo lograr todo lo que quiero, de forma rápida y sin "trastornos nerviosos"!

»En las clases, por ejemplo, puedo crear imágenes de *ejercicios psicofísicos*, lo más a menudo la *Reconciliación*, y los niños de inmediato se calman y trabajan en voz tan baja que se puede hablar con ellos casi en susurros.

»¡Empecé a amar a todos los estudiantes como un manirroto! Ahora no hay ni uno a quien yo no ame, ¡y los niños sienten esto! Se volvieron cariñosos y amables hacia mí; ¡sus ojos siempre brillan con la luz y la bondad!

»Las relaciones con colegas también han cambiado: antes se basaban en mis simpatías y antipatías personales; ahora, gracias a los conocimientos adquiridos, me he vuelto tolerante y amable con todos a mi alrededor.

»¡Ahora amo mi trabajo y profesión aún más!»

M.H., profesor de bellas artes: «Bajo la influencia de las clases de autorregulación psíquica mi actitud hacia la Tierra y la naturaleza ha cambiado drásticamente. Considero al planeta como un ser vivo, que puede sentir el dolor y el sufrimiento. Tenemos que darle todo nuestro amor, unirnos con él, y recibir su poder... a fin de ayudar a los seres encarnados que viven en él.

»Ahora siento profundamente todas las manifestaciones de la vida. En este estado uno no puede causar daño; prefiere sacrificarse por el bien de los que le necesitan.

»... Una vez que uno comienza la práctica de la autorregulación psíquica le resulta imposible llevar las clases a la antigua usanza. Te ves a ti mismo como desde fuera; por lo tanto, los arrebatos de ira que bien podrían surgir, ahora parecen ridículos; y así puedo fácilmente sortearlos.

»Empecé a entender que lo más importante en la educación y crianza de los hijos es enseñarles una actitud armoniosa para relacionarse con el mundo que les rodea.

»El sistema de autorregulación psíquica del Dr. Antonov se puede combinar con éxito con el programa de bellas artes desarrollado por B.Nemensky, que utilizo en mis clases [35].

»De acuerdo con este programa, antes de empezar una lección de bellas artes el profesor ha de formar la sintonía emocional de los estudiantes con ayuda de pases de diapositivas o visionado de obras de arte, escuchando música, leyendo extractos de trabajos literarios...

»Sin embargo, con la ayuda de los métodos de autorregulación psíquica se puede fortalecer esta sintonía y hacer más sutiles los estados emocionales de los niños.

»Por ejemplo, a niños de una clase de primer grado se les pidió pintar el mar y expresar en la pintura el carácter del mar: sea bueno o sea malo. Antes de que los niños comenzaran a pintar, el profesor les pidió que cerraran los ojos y se imaginaran volando sobre sus aguas. Primero volaron sobre un mar tranquilo y en calma. Los niños tomaban los pinceles en sus manos y las movían a ritmo de suaves olas. Se parecía a la *danza espontánea*. Luego vinieron las nubes; las olas se volvieron poco a poco más y más amenazantes; los pinceles empezaron a moverse con más amplitud; algunos niños incluso comenzaron a emitir sonidos similares al rugir del viento. Luego me dijeron que estaban siendo llevados sobre las imaginarias olas espumosas, y hasta sintieron el sabor de las gotas de agua salada. Después de esta sintonía emocional sólo tenían 20 minutos para la pintura, pero en esta ocasión expresaron rápidamente con gouache, sobre grandes hojas de papel, el estado del mar que sentían. Todas las obras resultaron mucho más cargadas emocionalmente, lo que hizo que se vean mejor que las obras de otra clase, donde se dio el mismo tema pero sólo con la sintonía de música y diapositivas, sin la visualización.

»En una lección dedicada a la pintura de bodegones, se les mostró una diapositiva de la obra *piñas y plátanos*, de I.Mashkov. Tras de cierta sintonía, los niños trataron de "penetrar en el interior" de esas frutas y percibirlas no sólo como alimento sino también como una sustancia con vida y humor. Todos querían dar su impresión y sus declaraciones fueron de lo más inusuales. Resultó, por ejemplo, que dentro de los plátanos todo era cálido, viscoso y somnoliento; dentro de una jarra en la misma pintura, era cálido y húmedo, y uno podría difundirse por todo su volumen. En las peras de la homónima pintura de Van Gogh, la impresión era pegajosa, y algunos de los niños se sentían como gusanos de la fruta.

»El uso sistemático de métodos que cambian la propia actitud hacia los objetos del mundo material permite a los niños ver en primer lugar la "esencia de las cosas"; vuelve más cuidadosa su actitud hacia todo en este mundo y les permite percibir como iguales a todos y a todas las cosas alrededor de ellos.

»Hay también un punto importante que atañe a la ecología. Con buen tiempo en primavera y otoño, resulta muy positivo realizar clases en la naturaleza, entre el verdor primaveral o las hojas otoñales. Cuando se pueda, es muy bueno tocar la tierra, sentir su calor y poder. También se puede mostrar que el contacto con las plantas se puede establecer mejor si uno las trata de igual a igual y que ellas son capaces de sentir nuestras emociones y respuestas a ellas. Muchos niños establecen de inmediato tales contactos. Y no pueden ofender sin motivos a un ser vivo que es igual a ellos.

»Si promovemos sistemáticamente la actitud humanista hacia el mundo... entonces habrá menos maldad y menos violencia.

»Necesitamos un enfoque integral para la educación, a partir de preescolar, primaria y luego escuelas secundarias. Estos profesores deben estar bien preparados y ser competentes, y lo que es más importante: deben ser personas que aspiran a la espiritualidad. El antedicho sistema de autorregulación psíquica es uno de los métodos para resolver este problema.»

También podemos citar un tema que a menudo se olvida al hablar de los problemas educativos. Se trata de la salud de nuestros niños.

La opinión de los mejores maestros sobre la necesidad de cambiar el enfoque de la enseñanza se ve confirmada por los resultados de la investigación médica. Por ejemplo, el doctor A.Dubrovsky informa en su libro que una alta proporción de niños tiene desviaciones mentales, enfermedades crónicas, o trastornos del sistema nervioso [22].

El periódico de los maestros (el 2 de abril de 1988) dice: «Sólo unos pocos niños tienen una actitud alegre ante la vida. Muchos miran el mundo a su alrededor con hostilidad. En otros la hostilidad se mezcla con el miedo...»

Es muy recomendable tomar medidas psicológicas y pedagógicas urgentes que puedan disminuir y, en numerosos casos, eliminar por completo una enfermedad tan extendida entre los estudiantes como la neurosis didactogénica (causada en la escuela), es decir, la neurosis que se produce debido a la actitud equivocada del maestro [17].

Podemos concluir que resultaría de lo más útil introducir los métodos de autorregulación psíquica en la enseñanza de los niños. Pero primero hay que resolver el problema de la formación de los maestros, ya que los profesores únicamente pueden enseñar a los niños lo que ellos mismos saben.

Nutrición «sin matanza» y niños
M.A.Shtil

La transformación de uno mismo en amor y la reconsideración de todos los principios de la vida desde el punto de vista del amor es la esencia de la transformación espiritual, no sólo en el caso de los adultos, sino también de los niños.

En este artículo quiero hablar de un aspecto del amor tal como es la compasión, lo que necesariamente implica el cambio a la nutrición «sin matanza» motivada por razones éticas.

Recuerdo cómo, recién habiendo leído el libro de Dr. Antonov *Cómo conocer a Dios* [6] y habiendo aceptado por completo todo lo escrito en él, empecé a reexaminar inmediatamente todo mi «sistema de valores». Uno de mis primeros pasos fue cambiar a la nutrición «sin matanza». Yo estaba sobre todo conmovido ¡por el hecho de que en mi vida había yo mismo contemplado este tema!

Al comprar productos a base de carne y pescado todos sabemos que no se cultivan en lechos de jardín. Para nadie es un secreto que son cuerpos de animales muertos.

Cuando oímos hablar del asesinato de alguien exclamamos aterrados: «¡Cómo es posible arrebatarle a alguien la vida! Después de todo, es sagrada». O si alguien mata a un perro o un gato, de nuevo nos indignamos: «¡Ah, es un monstruo!».

Entonces ¿por qué todos aceptamos tan fácilmente el asesinato de otros animales? Por mucho tiempo no pude entenderlo: ¿por qué no nos duele?

Intentando responderme esta pregunta me di cuenta de que es sólo un estereotipo, un patrón de pensamiento que protege a la mente de todo el horror de este problema. Es como si la mayoría de gente llevara «anteojeras» en sus ojos.

Desde la primera infancia, cuando los padres dan a sus hijos los primeros conceptos sobre el mundo, dicen: «El roble es un árbol, la rosa es una flor, la hierba es verde, la carne y el pescado es comida». Y, quizá, esta información muy básica que el niño recibe de los padres, se convierte en un axioma que no requiere confirmación.

Esta información se convierte en una base sólida sobre la que los niños construyen sus relaciones con el mundo.

Cuando, ya siendo adulto, por fin me di cuenta de qué crimen he estado cometiendo toda mi vida con los animales, me conmoví hasta llorar. En realidad ¡yo no era una persona sin corazón! ¿Cómo iba a permitir que sufran a causa de mis caprichos gustativos?

Y estoy seguro de que esta información puede y debería serles dada a los niños desde edad temprana. A los niños, por supuesto, no se les puede obligar a cambiar a una dieta «sin matanza». Basta tener de vez en cuando conversaciones con ellos sobre este tema, sin llegar a aburrirles. Mi propia experiencia muestra que no hace falta forzar a su hijo a hacer esto. En efecto, si los propios padres se adhieren a estos principios éticos, si viven de acuerdo con el principio del amor, entonces su hijo asume de forma natural la mayor parte estas normas de comportamiento, a través del mecanismo de la imitación. Educar con nuestro propio ejemplo es la forma más eficiente de educación.

Cuando yo mismo cambié a una alimentación «sin matanza» de inmediato expliqué a mi hija de 4 años por qué lo hice.

Le expliqué en una forma aceptable para ella de dónde salen la carne y el pescado. Y a qué tortura someten a vacas, cerdos y pollos; cómo un pez sufre cuando primero es enganchado con un fuerte anzuelo y luego, ya capturado, se ahoga y muere...

Y mi hija, pese a ser pequeña, entendió y aceptó todo lo que le expliqué. Por supuesto, al principio no pudo atenerse a este principio del todo. A veces se olvidaba de su decisión; y en la guardería sin duda nadie podría dedicarse a preparar sus comidas especiales. Esto es normal; no hay que exigirle lo imposible a un niño.

Pero a medida que mi hija creció, al reflexionar sobre este tema tras conversaciones conmigo y otros adultos —ya en edad escolar— aceptó por completo este concepto ético en su vida como si se hubiese vuelto parte de su propia filosofía.

A veces los niños, y no sólo niños, plantean la pregunta: «Después de todo, nosotros no matamos animales. ¿Cuál es nuestra culpa?».

Recuerdo cómo en mi niñez alguien me leyó una historia de la literatura clásica rusa sobre una emotiva mujer que presenció cómo mataron a un cerdo para comer. Conmocionada, se desmayó. Pero a la noche del mismo día con gusto se comió su carne. En ese momento desprecié a esa mujer ¡y estaba muy orgulloso de no ser como ella! ¡Qué golpe para mí comprender, ya mayor, que yo no era diferente de ella!

Yo no maté animales con mis manos pero entendí que era culpable mucho más que cualquier cazador que mata a su presa de un disparo. Porque para que los alimentos aparezca en mi mesa los animales han tenido que pasar por una «fábrica de muerte», inhalando el olor de la sangre de sus congéneres y esperando con horror su propio atroz final.

En verdad todos nosotros, al comprar carne o productos pesqueros en la tienda, damos así nuestro implícito permiso al asesinato, a la dolorosa muerte de los animales...

El problema del *amor-compasión* es el primero que debemos resolver por nosotros mismos si queremos acercarnos a Dios tanto como para poder conocerle. La persona que acepta, desde la primera infancia, la *ley del amor* hacia todo lo viviente, la *ley del amor*, que incluye, entre otras cosas, el principio de la compasión y de no causar daño a nadie, se mantendrá en el Camino del Amor más firmemente y llegará en él mucho más lejos[8].

---

[8] Más detalles acerca de los problemas de la nutrición —desde el punto de vista científico— se pueden encontrar en el libro

Mis errores en la crianza de mi hijo
A.B.Zubkova

Este libro, probablemente, puede ser interesante no sólo para profesionales de la enseñanza sino también para las mamás y papás que quieran criar a sus hijos felices, armoniosamente desarrollados, dignos del amor y el respeto de la gente.

Aquí quiero compartir con ustedes mi experiencia personal al criar a mi hijo: cómo no se debe hacer, para que ustedes, los lectores, eviten cometer este tipo de errores.

La situación en la que la madre trata de enseñar a su hijo a usar los métodos descritos en este libro es diferente de las clases realizadas para grupos de niños. Cuando los niños van a clases están mentalmente preparados para algo nuevo, interesante; ven a sus compañeros hacer lo mismo en la clase. Un instructor profesional fácilmente atrae la atención de los niños y apoya los estados emocionales sutiles en ellos, «sintoniza» a los niños con lo que se les propone hacer.

Una de las dificultades en mi caso era encontrar el momento en el que no sólo yo tuviera tiempo y ganas de mostrar algo al niño, sino que él también tuviese el deseo, la disposición a aprender.

Es fácil aumentar el interés hacia este tipo de trabajo en los niños más pequeños (4-6 años) usando cuentos de hadas y juegos. Pero para cuando me familiaricé con

---

[9] (ver también [10]).

En particular, hay que tener en cuenta que al cambiar a la nutrición *sin matanza*, es necesario incluir en la dieta los productos que proporcionen al organismo las proteínas que contienen los necesarios aminoácidos, como los productos lácteos (queso fresco, queso, leche agria, leche y demás), huevos, soja, setas, nueces. (Nota de V.Antonov).

estas técnicas mi hijo ya tenía 9 años y una actitud escéptica hacia esas «fábulas y sentimentalismo blando».

Este escepticismo y protesta fueron el resultado de mi propio egoísta deseo hipertrofiado de criarlo según un cierto «ideal» tal como lo imaginaba. Mi amor por él muy a menudo resultó ser «ciego» y poco razonable. Desde una edad muy temprana, traté de enseñarle a mi hijo un montón de cosas útiles, e incluso lo logré con algunas de ellas. Pero todos los esfuerzos fueron hechos sólo por mí; él sólo recibía alegría y placer. Le ayudé a subir a cada nuevo peldaño, creando para él los estados de alegría emocional, el entusiasmo, la felicidad (yo era capaz de hacerlo incluso sin conocer los mecanismos). Y él, como resultado, se acostumbró a recibir todo de forma pasiva, dándolo por descontado. Con 14 años él sabía nadar bien, esquiar, montar en bicicleta y participar en excursiones en kayak. Derramé sobre él amor y felicidad tratando de brindarle todo este mundo maravilloso pero olvidé cuidar de que él, también, aprendiera a ser agradecido, a responder con amor y ternura por lo que recibía; aprender a darse a sí mismo.

Cuanto mayor se hizo más difícil fue darle una sorpresa, llenarle de alegría. Y al no tener éxito, enseguida pasé de ser una madre que hace milagros a una mamá-tostón[9], que intentaba obligarle a ver la belleza, a realizar tal o cual ejercicio. Tanto quería yo hacerle perfecto que destruí en él, con mi violencia, ese deseo («vamos, prueba, intenta una vez más»). Cuando obligarle no funcionaba yo me perturbaba terriblemente y hasta pude suscitar vergüenza en él («no quieres hacerlo, a pesar de lo mucho que estoy haciendo por ti...»).

Para cuando me percaté de todo esto (aunque en general nuestras relaciones eran buenas), yo había desarrollado el estereotipo de conducta de una persona fastidio-

---

[9] Persona fastidiosa por pesada (nota del traductor).

sa y pesada, y él, la posición del egoísta. Cambiar los estereotipos dominantes es mucho más difícil. Y uno tiene que empezar esta corrección consigo mismo.

Por añadidura, quería que este cambio sucediera más rápido, ya mismo. Y así seguí empeorando las cosas intentando persuadirle... y sólo recibí respuestas como: «¡es aburrido!», «esto es difícil; no quiero...», o «voy a mentir un rato, y tú ya puedes insistir...»

Así que cada error mío alejó más y más la posibilidad de mejorar nuestras relaciones, provocando en él la reacción de rechazo.

Los entretenimientos de los niños hoy día, como ver la televisión sin cesar o jugar en la consola o el ordenador, crean un fondo muy desfavorable para la vida, hacen del niño una criatura doméstica y pasiva, aislada de la belleza y de la verdadera vida. Hacer que un niño que ya está afectado por esto acepte una posición creativa activa no es una tarea fácil.

Con el tiempo comprendí que la mejor manera de romper los estereotipos negativos dominantes es hacer excursiones al bosque con un grupo de personas de ideas afines, en el que el hijo se convierte en un participante igual, y uno no es un maestro que molesta. Las charlas en el camino o cerca de un fuego resultan discretas.

Si uno se las arregla para encontrar amigos de ideas afines en este camino, todo se hace mucho más fácil, tanto para los adultos como para los niños.

Pero los intentos artificiales de lograr éxito están abocados al fracaso.

Y el método de coerción siempre produce rechazo.

Por el contrario, aquellas cosas que he aprendido a presentar con suavidad, con mi propio ejemplo, sin estar constantemente recordando y requiriendo, fueron fácilmente aceptadas. Por ejemplo, le expliqué a mi hijo por qué dejé de comer carne y pescado (¡sólo se lo dije una vez!) y de inmediato comprendió que al comer cuerpos de animales capaces de sentir dolor participamos en su muerte. Le sugerí pedir, al menos, el perdón de aquellas criaturas cuyos cuerpos se convierten en comida para él y enseguida él mismo decidió pasar a una alimentación «sin matanza». La violó sólo una vez… Esa vez me pidió permiso, y yo no le disuadí sino que le dije que decidiera él mismo. Él cedió a su deseo… y al día siguiente cayó enfermo. Luego llegó a la conclusión (¡él mismo!) de que se había equivocado. Desde entonces ni en compañía de amigos, ni en la escuela, ni en una fiesta, ha roto nunca el principio de la nutrición «sin matanza», porque se ha vuelto su propia convicción interna.

Una hija de cinco años de mi amiga, tras haber aprendido de qué están hechas hamburguesas y salchichas, pidió en la guardería que no añadieran esas cosas en su comida. Sorprendentemente tal declaración de una niña no enfadó a los maestros, ni tampoco ellos empezaron a forzarla. Ellos aceptaron su firme posición con sorpresa y con respeto.

Y ahora, lo más importante. Si nuestras acciones de cambiarnos a nosotros mismos y de criar a nuestros hijos provienen de la más elevada motivación —el amor y la aspiración hacia el Creador—, y esto se convierte en el fundamento de la vida, en la principal fuerza impulsora tras nosotros, entonces ello nos une a todos, los hijos de nuestro Padre Celestial.

Si damos incluso un paso real hacia Él… Él da diez hacia nosotros. Él —nuestro Creador— se convierte en un verdadero Ayudante para nosotros y nuestros hijos. Y si los niños se vuelven seguros de la existencia de Dios, y más aún, si es refrendado por su experiencia personal, entonces entienden mucho mejor los principios éticos. Porque en tal caso pueden incluir estos principios en su visión del mundo, tras haber entendido lo que Dios realmente quiere de nosotros. Además, los niños aceptan mucho más rápido y fácil que nosotros, los adultos, las verdades de Dios.

Si hay verdadero amor-aspiración a Dios, entonces se vuelve mucho más fácil cambiarse a sí mismo. Y el mundo que nos rodea asimismo cambia, reflejando el amor que crece en nosotros. Y entonces nuestros hijos, con la mayor naturalidad, emprenden su desarrollo espiritual.

Los errores se pueden corregir
L.A.Vavulina

De profesión no soy maestra, ni psicóloga, sino sólo un contable. Pero tengo tres hijas, ahora casi adultas (18, 19 y 20 años). Y quiero compartir esa parte de mi experiencia y observaciones que pueden ser útiles para todos nosotros en el trabajo de crianza de los niños.

Antes de asistir a clases en la Escuela del Dr. Antonov yo era una muy común madre promedio que forjó sus relaciones con los niños en el siguiente estereotipo: Soy una madre, amo a mis hijas, me preocupo por ellas, les deseo el bien, soy mayor, tengo más experiencia y sé mejor lo que hay que hacer y cómo hay que hacerlo. Y así que tengo todo el derecho de establecer normas, de imponer mis puntos de vista, dar órdenes, exigir que obedezcan y castigarles si el resultado no cumple con mis expectativas. Cualquier libertad de elección se permitía sólo dentro de esos límites, que se correspondían con mis ideas de lo que es bueno y lo que es malo. En cada cosa, surgía mi lucha con las niñas, porque trataba de hacer de ellas lo que yo quería que fuesen. Esta lucha continuó con éxito dispar: a menudo se resistían, no obedecían, eran groseras y se negaban a llevar a cabo mis solicitudes y órdenes. Fue doloroso para mí, porque yo creía que lo hacían para fastidiarme: después de todo, ¡yo sabía lo que era bueno! Los resentimientos mutuos crecieron como una bola de nieve.

Y habría seguido así hasta el final de mi encarnación si un día no me hubiese dicho a mí misma: «¡Basta! ¡Ya es suficiente! Tengo que hacer algo, porque he llegado a un punto muerto».

Empecé a hacerme preguntas. ¿Por qué vivo? ¿Cuál es el significado de la vida? No sólo me hacía preguntas; empecé a buscar respuestas a ellas. Leí diferentes libros, los que pude encontrar; fui a la iglesia. Pero ahí había muy pocas respuestas, y las preguntas se hicieron más y más numerosas, hasta que Dios me mostró el camino con la ayuda de los libros del Dr. Antonov.

¡Fue una revelación para mí! Los leí ¡y no podía creer que hubiese encontrado respuestas a las preguntas que me habían estado acosando durante tanto tiempo!

Más tarde, cuando empecé a practicar esos métodos y reconstruir mi vida, llevándola a una correspondencia con la intención de Dios, volví a leer esos libros muchas veces. Ahora no me separo de ellos, ¡y cada vez descubro en ellos algo nuevo, inadvertido por mí!

Gracias al trabajo que he hecho *sobre mí misma* puedo ver los cambios en las relaciones con mis hijas, por ejemplo, en su actitud hacia mí.

En primer lugar, les di libertad, las liberé de mi tiranía. ¡Esto no significa anarquía y permisividad total! Simplemente eliminé las pequeñeces, las «liberé», dejando como enlace de conexión entre nosotras sólo mi amor, paciencia, compasión, y la constante voluntad de acudir en su ayuda.

No puedo decir que fue fácil para mí. Incluso ahora sigo luchando; pero ahora es una lucha con mi propio ego. Y mis hijas, que antes sólo trataban de ignorarme, ahora se sienten atraídas hacia mí. Vienen buscando consejo, vienen sólo para hablar, para sentarse conmigo, para estar juntas; les gusta quedarse conmigo.

Ahora trato de criarlas con mi propio ejemplo: cómo trato de mejorarme a mí misma. No debe haber ninguna falsedad aquí: ¡es sólo la sinceridad en las relaciones lo que da un resultado positivo! Si en algo cometo errores, los reconozco y trato de corregir lo que se puede corregir.

Las niñas dejaron de ofenderme porque yo... ¡dejé de estar resentida! ¿Qué sentido tiene ofender a alguien que no se resiente? Una vez mi hija mayor, tras una de sus fechorías, dijo de repente, por primera vez: «¡Lo siento, mamá!», y luego añadió «Sé que no estás dolida, pero de todos modos ¡lo siento!»

Estoy tratando de enseñar a mis hijas a ser autosuficientes: a tomar decisiones, a llevar a cabo acciones y asumir la responsabilidad por ellas.

La sabiduría de los padres al tratar con niños consiste también en darles la oportunidad de cometer errores y que aprendan de ellos, acumulando su propia experiencia de vida. Por supuesto, esto no debe llegar al absurdo: por ejemplo, hacerse a un lado y esperar a que el niño adquiera la experiencia de un drogadicto, ladrón o asesino.

Pero si hay demasiada preocupación y deseo de proteger a los niños de todos los problemas y dificultades de la vida, esto impide su crecimiento, los convierte en observadores pasivos de la vida, en dependientes: no tiene sentido hacer nada si tus padres lo harán mejor. Y en la tercera edad, los padres reciben los frutos de tal crianza: cuando tienen que seguir apoyando financieramente a sus hijos adultos, que todavía llevan una forma de vida infantil.

En conclusión, quiero decir que Dios enseña y educa a cada uno de nosotros —y en este sentido somos todos iguales con nuestros hijos—. Son sólo las etapas del programa de capacitación las que son distintas por las diferencias de edad. Nuestra misión es ayudar a los niños a dominar esas etapas del programa que nosotros ya hemos pasado, aunque tal vez no en la misma forma que está prevista para ellos. Y podemos hacerlo de manera óptima mediante nuestro propio ejemplo: mostrando la mejor manera de hacer algo, de comportarse en determinadas situaciones.

Sólo dos años han pasado desde el inicio de mi trabajo de reforma, de «reeducación» de mí misma. Mis hijas ya no son niñas y, por desgracia, no todos los métodos y directrices que se describen en este libro son adecuados para su edad. De todos modos, puedo decir que el resultado de mi trabajo me hace feliz. Ahora en nuestra casa hay calor, es acogedora y confortable; ¡vivimos en paz! No es el mobiliario y la calefacción lo que crea el confort y la calidez en el hogar; son las buenas relaciones basadas en el entendimiento mutuo, el respeto, el amor, la paciencia y la compasión por los demás.

… Me «desperté» un poco tarde en mi vida. Así que quiero aconsejarle: ¡no pierda el tiempo en vano! De hecho, ¡cuanto antes empiece a trabajar en sí mismo, tanto mejor será el resultado! Y en este trabajo, puede recibir mucha ayuda de la lectura de este y otros libros del Dr. Antonov.

Dos Revelaciones
L.A.Vavulina

A los 16 años de edad:

Bueno, Larisa… Ahora ¡ha llegado el fin de tu despreocupada vida! Todos los exámenes han terminado; la fiesta de graduación pronto se celebrará. Tienes en tus manos un libro gris: un certificado de graduación de la escuela.

¡La infancia ha terminado! ¡Se fue para siempre! Otra etapa de tu vida comienza; aquella que requiere una mayor responsabilidad. Ahora es el momento de elegir tu forma de vida; no te apresures a tomar esta decisión. ¡Tómate tu tiempo!

Mucho va a cambiar en tu destino. Recuerda que la manera como se desarrollará tu vida depende de cómo entres en tu vida, de cómo des tus primeros pasos.

Por lo tanto, ¡pisa firmemente! ¡Estate segura de ti misma!

También quiero darte consejos:

Preocúpate de ti misma ¡menos que de todo lo demás!

Trata de vivir con facilidad, ¡no «arrastrando el peso de la vida»!

¡Y que encuentres el verdadero, puro Amor en tu vida! ¡Sé feliz en él!

A los 44 años de edad:

Mira: todo aquello que soñaste en tu vida ¡puede llegar a ser real!

Soñaste con la armonía y la justicia en este mundo. Ahora ya sabes que estos principios son la base de las leyes del universo. ¡Cumple con ellos!

Soñaste con el Amor, puro, grande y verdadero. ¡Yo soy el Amor mismo! ¡Y soy Yo Quien te ama con este Amor! ¡Conviértete en mí!

Soñaste con la ternura. Y ahora todo el Océano de la Ternura se halla ante ti. ¡Entra y disuélvete en Mí!

Soñaste con la tranquilidad y la paz del alma. En Mi *Profundidad*, hay Paz Infinita. ¡Sumérgete en Mí!

Soñaste con encontrar apoyo y protección, con volverte confiado en ti mismo, para sentirte protegido. Te ofrezco Mi *Escudo*: detrás de él ¡encontrarás la inagotable Fuente de Mi Fuerza! ¡Conviértete en Mí y toma este *Escudo!*

Soñaste con ser útil a las personas. Ahora tienes una oportunidad así. Aprende de Mí, vuélvete sabio, actúa como Yo, ¡y entonces tu ayuda será una bendición para las personas!

Entonces, ¿a qué esperas? ¿Por qué demorarte? ¡Rompe el cascarón de tu aislamiento con tus propias manos! ¡Permite que todo eso ocurra!

Y entonces ¡nada podrá impedir que cumplas todos tus sueños!

¿Con qué sueñan nuestros niños?

Yo quiero, cuando sea adulta, convertirme en una viajera y viajar por todo el mundo. También me gustaría estudiar las profundidades de las aguas, para ayudar a los animales raros a sobrevivir, para proteger la naturaleza.

Deseo para mí misma ¡que este sueño se haga realidad!

Polina Novitskaya, 10 años

Ya tengo 5 años, ¡pero todavía no he hecho nada en mi vida!

Zhenya Ivanov, 5 años

Me encantan los viajes al bosque. En el bosque, a veces observo la naturaleza, a veces estoy aburrido, y mi estado de ánimo empeora. Estoy aburrido cuando me olvido de vivir en anahata y brillar.

Algunas personas no saben el significado de sus vidas.

Sin embargo, ¡quiero que todas las personas amen a Dios!

¡Amo mucho a Dios!

ZhenyaShtil, 7 años

Quiero fundirme con Dios, y ¡entonces me quedaré en la dicha y daré a las personas amor y felicidad!

¡También quiero mucho tener un ordenador!!!

Yo vivo en la Tierra ¡con el fin de amar y hacerme perfecto! Quiero esto, pero no hago mucho.

Para hacer realidad lo que quiero, necesito realmente amar y desarrollarme.

¡También deseo amor y perfección tanto a las personas como a los animales!

Sasha Zubkov, de 13 años

Conclusión

V.V.Antonov

En lo más *profundo* del universo multidimensional, ahí reside Dios Padre, el Creador, un Océano de la más delicada, la más tierna Conciencia.

El mundo manifiesto (la Creación) fue creado por Él y está impregnado con la Luz del Espíritu Santo que sale de la Morada del Creador. Esto hace que el mundo manifiesto parezca como una suave manta que cubre al Creador.

El universo multidimensional entero es también Dios. Dios en este aspecto se llama el Absoluto (es decir, Absolutamente Todo). En el universo no hay nada (a excepción de las *tinieblas de afuera*, es decir, el infierno) que no sea Dios-Absoluto.

La Creación es un medio para la evolución de Dios. Las conciencias individuales nacidas de protopurusha [3,9-10,13] llegan a encarnar en cuerpos materiales para crecer y, al final de la evolución personal, conocerse a sí mismas como Parte del Creador habiéndose infundido a sí mismas en Él.

Cuando nos ponemos a prueba a nosotros mismos haciendo la pregunta «¿quién soy yo?», cada uno da una respuesta basada en los propios apegos («Soy un conductor», «Soy un director», «Soy un presidente», «Soy un científico», «Soy un hombre», «Soy una mujer», «Soy un muchacho», «Soy una chica», «Soy una persona enferma»,

«Soy un buscador espiritual», «Soy un Espíritu Santo», «Yo soy una parte del Creador»).

… Sí, en cierto momento uno puede querer conocerse a sí mismo como el Océano Infinito del Amor… Y renunciando a todo menos al amor, uno se conoce a sí mismo —a través de muchos sufrimientos— como Amor. Y el Amor es Dios en los aspectos del Creador (la Conciencia Primordial), Cristo (Mesías, Avatar), y el Espíritu Santo (Brahman).

Aquí en la Creación —a través de la evolución positiva de los seres encarnados— Dios Mismo cambia, evoluciona. La totalidad del mundo manifiesto está lleno de conciencias individuales que evolucionan positivamente o se degradan, las cuales son cambiantes partículas del Absoluto.

Y en este mundo cada uno de nosotros tiene una posibilidad de saber que Yo soy una Parte del Absoluto Uno mediante la fusión de la conciencia de sí mismo con la Conciencia de Dios.

Dios es Amor. Podemos llegar a ser uno con Él sólo si nos transformamos nosotros mismos (como conciencias) en un tan ideal Amor como Él lo es. ¿Cómo puede uno hacer esto? Fue enseñado por Jesús y por Otros Que vinieron desde el Creador.

En el mundo no existen ideales (desde el punto de vista del hombre común) condiciones para nuestra existencia encarnada. Sin embargo las personas que han entendido correctamente la Intención del Creador avanzan exitosamente hacia su Meta Suprema, desarrollándose a sí mismos como amor.

Uno sólo tiene que aprender a amar a todo el mundo tal como lo ama el Creador. Sólo entonces puede uno enamorarse del Creador, y este amor puede llevarle a uno a la Unión con Él.

Podemos aprenderlo nosotros mismos y ayudar a los niños en esta labor.

Bibliografía

1. Agajanyan N.A. and Katkov A.U. — Potencial de nuestros organismos. «Znanie», Moscú, 1979 *(en ruso)*.

2. Amosov N.M. — Reflexiones sobre la salud. «FiS», Moscú, 1987 *(en ruso)*.

3. Antonov V.V. — Teología general. Ciencia sobre Dios. «Reality», San Petersburgo, 2002 *(en ruso)*.

4. Antonov V.V. (red.) — Corazón espiritual. Camino hacia el Creador (poemas-meditaciones y Revelaciones). «New Atlanteans», 2008 *(en ruso)*.

5. Antonov V.V. — Sexología. «New Atlanteans», 2012.

6. Antonov V.V. — Cómo conocer a Dios. Libro 2. Autobiografías de los discípulos de Dios. «New Atlanteans», 2008 *(en ruso)*.

7. Antonov V.V. — Cómo conocer a Dios. Autobiografía de un científico que estudió a Dios. «New Atlanteans», 2015.

8. Antonov V.V. — Obras clásicas de la filosofía espiritual y la actualidad. «New Atlanteans», 2014.

9. Antonov V.V. — Ecopsicología. «New Atlanteans», 2014.

10. Antonov V.V. — Conferencias en el bosque sobre el Yoga Más Alto. «New Atlanteans», 2008 *(en ruso e inglés)*.

11. Antonov V.V. — Bhagavad-Gita con comentarios. «New Atlanteans», 2014.

12. Antonov V.V. (editor) — Tao Te Ching. «New Atlanteans», 2010.

13. Antonov V.V. — Evolución de la Conciencia. «New Atlanteans», 2015.

14. Antonov V.V. — ¡Bienaventurados los de limpio corazón! «New Atlanteans», 2015.

15. Antonov V.V. — ¿Qué es la Verdad? «New Atlanteans», 2015.

16. Antonov V.V. — Corazón Espiritual. Religión de Unidad. «New Atlanteans», 2015.

17. Buyanov M.I. — Conversaciones sobre la psiquiatría infantil. «Prosveschenie», Moscú, 1986 *(en ruso)*.

18. Vasiliev T.E. — Elementos de hatha yoga. Moscú, 1990 *(en ruso)*.

19. Armonía a través del vegetarianismo. «Sociedad para la cultura védica», San Petersburgo, 1995 *(en ruso)*.

20. Jainot H. — Padres y hijos. «Znanie», Moscú, 1980 *(en ruso)*.

21. Dineika K.V. — Movimiento, respiración, entrenamiento psicofísico. «FiS», Moscú, 1986 *(en ruso)*.

22. Dubroski A.A. — Carta abierta de un médico al maestro de escuela. Moscú, 1988 *(en ruso)*.

23. Evtimov V. — Yoga. «Medicina», Moscú, 1986 *(en ruso)*.

24. Zubkova A.B. — Historia de princesa Nesmeyana e Ivan. «New Atlanteans», 2015.

25. Zubkova A.B. — Dobrinya. Bilini. «New Atlanteans», 2015.

26. Zubkova A.B. — Diálogos con Pitágoras. «New Atlanteans», 2015.

27. Zubkova A.B. — Parábolas Divinas. «New Atlanteans», 2010.

28. Zubkova A.B. — Libro de los Nacidos en la Luz. Revelaciones de los Divinos Atlantes. «New Atlanteans», 2015.

29. Ivanchenko V.A. — El secreto ruso de la tonificación del cuerpo. «Molodaya Gvardiya», Moscú, 1986 *(en ruso)*.

30. Kabalevsky. — El educar la mente y el corazón. «Prosveschenie», Moscú, 1984 *(en ruso)*.

31. Kolgushkin A.N. — El frío sanador del agua. «FiS», Moscú, 1986 *(en ruso)*.

32. Korotkov I.M. — Juegos al aire libre. «FiS», #5, 1987 *(en ruso)*.

33. Kuznetsov L.V. — El desarrollo armonioso de la personalidad de los niños de educación básica. «Prosveschenie», Moscú, 1988 *(en ruso)*.

34. Levi V.I. — Conversación en las cartas. «Sovetskaya Rossiya», Moscú, 1983 *(en ruso)*.

35. Nemensky B. — La sabiduría de la belleza. «Prosveschenie», Moscú, 1987 *(en ruso)*.

36. Smirnov B. — Sankhia y Yoga. «Ciencia y religión», ##7,8,10, 1987 (en ruso).

37. Sokolov P.P. — Victoria sobre el insomnio. Moscú, 1990 *(en ruso)*.

38. Soloveichik S. — Agu and Buka. «New World», #3, 1985 *(en ruso)*.

39. Soloveichik S. — Pedagogía para todos. «Family and School», ##4-11, 1987 *(en ruso)*.

40. Suhomlinsky V.A. — Doy mi corazón a los niños. Kiev, 1980 *(en ruso)*.

41. Teplyy A.V. — Libro de los Guerreros del Espíritu. «New Atlanteans», 2010.

42. Tolkachev B.S. — La ley de cultura física para infecciones respiratorias agudas. «FiS», Moscú, 1988 *(en ruso)*.

43. Tolstoy L.N. — Obras selecionadas. Vol. 9. «Pravda», Moscú, 1987 *(en ruso)*.

44. Cherkasov V. — Antes de ir a los médicos. «Don», #8, 1984 (in Russian).

45. Chistyakova M.I. — Psicogimnástica. Moscú, 1990 *(en ruso)*.

46. Libros publicados en checo:

47. Antonov V.V. — Psychicka autoregulace ve vychodni tradici. Brno, 1990.

48. Antonov V.V. — Duchovni cesta soucasneho cloveka. Brno, 1990.

49. Berdychova, Karaskova — Detske tanecni hry. Praha, 1968.

50. Jogalinga — Balajogapradipika aneb joga pro deti. Liberec, 1990.
51. Kahlil Gibran — Prorok. Praha, 1990.
52. Maheshwarananda Paramhans — Joga pro deti — 1. dil, Oloumouc, 1990.
53. Rydl, Karel — Reformni praxe v soucasnych skolskych systemech. Praha, 1990.
54. Schweitzer A. — Zastsnce kritickeho mysleni a ucty k zivotu. Vysehrad, 1989.
55. Seton, Ernst, Thompson — Kniha lesni moudrosti. Praha, 1991.
56. Steiner R. — Vychova detska. Praha, 1920.
57. Zapletal M. — Velka encyklopedie her — 4 dily. Praha, 1968.
58. Zasobnik dramatickych her, cviceni a improvizaci. Praha, 1990